전대호 시집

내가 열린 만큼
너른 바다

글방과 책방

전대호 시집

내가 열린 만큼 너른 바다

2024년 5월 10일 초판 발행

지은이 전대호
펴낸이 최영선
펴낸곳 글방과 책방
편 집 이달영
디자인 최훈석
주 소 서울특별시 종로구 인사동길 24, 3층
전 화 02)332-0365
팩 스 02)324-1365
등 록 제 2019-000064호(2019. 05. 19.)

ISBN 979-11-968226-8-2
정 가 12,000원

잘못된 책은 바꾸어 드립니다.
정가는 뒤표지에 있습니다.

시인의 말

넷째 시집을 낸다.
가까스로 첫걸음쯤은 될지,
시인으로 종신(終身)하겠다는 약속
꼭 지키고 싶다.

목차

시인의 말 3

01_

바다 12
가을 풀벌레 13
가을빛 14
감사 기도 15
겨울 마중 16
겨울잠 17
꽃 18
다 보여주지 않는 19
매미 허물 20
바이칼 21
봄비 22
비 오는 풍경 23
뿌리 사이로 흐르는 물 24
삼월 배추밭에서 25
식물의 시간 26
온 흙과 물의 나라에 27

입동　28

지하철 안에 검은 벽　29

차라리 폭풍우가　30

한강의 앞물결　31

흙 속으로 스미는 봄비　32

02_

그때 그 돌멩이가　34

그라시아스 아 라 비다　36

나의 메피스토펠레스 1 – 매스게임　38

나의 메피스토펠레스 2 - 음악　41

나의 메피스토펠레스 3 – 교회　43

나의 메피스토펠레스 4 – 과학고등학교　50

나의 메피스토펠레스 5 – 신춘문예　53

나의 메피스토펠레스 6 - 젖과 꿀　56

마우스　58

어떤 고마움　63

매발톱　64

처음 찼던 기저귀　67

아버지의 패전처리　68

그때 그 기러기는　71

짚라인　72

추운 냄새　73

십이 년을 먹였더니　74

막둥이 찬가　75

흑염소로 해줘요　76

03_

나의 시간과 나란히　78

나의 시를 받으시는 분　79

내 역할 바꿔도　80

내가 놀면 거기가 놀이터다　82

내 안에 하얀 뼈　84

내가 풀려나 물이 되더라도　85

내가 작아졌어　86

내는 한 개도 안 억울해　88

니는 억쑤로 억울한 기라　90

돌멩이 아지랑이　91

두루마리가 촤라락 92

목소리의 배신 94

반짝이는 모래 알갱이 95

시월 말 이태원 96

아이에겐 저 풍경을 보이지 마라 97

안과 치료받는 매 98

안나푸르나 아파트 99

엘리베이터 문이 100

원숭이도 없는 약장수 101

입산 102

04_

공간의 깊이 104

그대 온몸으로 불쑥 105

국체라는 말을 들었다 106

국립생태원 108

국화와 나비와 데이터 110

근본적인 악 112

문득 샅에서 살랑거리는 113

나, 살아남을 놈 114

마침 봄비가 예언되었으니 116

때아닌 겨울비 오는 이유 118

모란의 모란을 위하여 120

물속 꼬리치는 미물 되어 122

배움 124

부활절 꽃집 126

스크린 앞 석고대죄 128

연잎 위 물방울 속에 129

인공지능의 참담한 매혹 130

안개비 오는 가을 숲 132

화들짝 깨어난 부활절이 134

휘저은 달걀노른자처럼 136

05_

부겐빌레아 138

안녕, 클라우스 140

빠짐없이 차곡차곡 147

오늘의 정답 148

연노랑 금붕어 존자   150

이상한 여자들   153

연료가 바닥나는 별처럼   154

청각과 평형감각의 근친성에 대한 연구   156

콩콩 사이클로이드를 그으며   160

새벽, 첫 마음   162

01

바다

하는 수 없이
한 면만 보여주고 보며 살지만,

다 알았다는 말,
여기까지가 다라는 말,

영영 미루기로 하자.

아무리 달콤하더라도,
아무리 쓰라리더라도,

네가 누구건 무엇이건,
너는 내가 열린 만큼 너른 바다.

가을 풀벌레

가을 풀벌레는
날개를 비벼 소리를 낸다지.

떨어내는 모양이야,
반짝이는 소리를.

고요의 계절로 떠날
차비를 하며,

온갖 화려함을.

가을빛

가을빛
힘 빠졌다.

여름 땡볕처럼
파고들지 못하고
표면에서 산란한다.

더 찬란하다.

감사 기도

칠흑 바다 가운데
어슴푸레한 빛의 섬에서

무참히 상처나 부은 발,
가련하게 어두운 눈으로
나는 간신히 행복합니다.

자연이여, 바다여, 신이여,
그대가 누구건 이름이 무엇이건,
내가 결국 감당하지 못할 절묘한 과제를
내준 그대는 감사를 받아 마땅합니다.

섬 가장자리 겁나게 짙은 숲 향기가
오만 가지 진실을 싣고 나를 덮쳐
쉬지 못하게 합니다.

무참히 상처나 부은 발,
가련하게 어두운 눈으로
간신히 행복합니다.
그대여, 고맙습니다.

겨울 마중

겨울 마중하러
숲속 나무집에 가서
참나무 둥치 속 하늘소 애벌레들처럼
온 식구 엉켜서 잤다.

각시 팔뚝 쓰다듬다가,
막내 종아리 쓰다듬다가,
또 뭐가 있어 쓰다듬는데,

어쩐지 기분이 묘해,
아하, 내 손등이네!
각시가 잠결에 웃는다.
엉켰구나, 속수무책으로 엉켰어.

참나무 둥치 속
하늘소 애벌레들도 따라 웃으려나?

겨울잠

농부가 보낸 꾸러미에
들기름, 검은콩, 된장, 고추장, 청국장.

올해 농사도 잘 마무리했구나.
햇메주도 빚었겠지.

주워 모은 양식과 함께 굴속에 들어
입구를 틀어막는 다람쥐가 부럽다

더 큰 굴속에 곰이, 바위 밑 개구리들이,
꿀벌, 지렁이, 애벌레, 도마뱀,

온 산에 나무랑 농부가 부럽다.
겨울처럼 잠들고 봄처럼 깨어날 테니.

꽃

처음 데려올 때 만발하던 꽃
다시 피우긴 참 어렵더군.

꽃집 주인은 비법이 있나?
어쩌면 화초도 화창한 한철은
평생 다시 맞기 힘든지 몰라.

다시 피더라도,
그게 나의 성공일까?
아무튼 동물 보라고 필 테니,
나를 위한 꽃이기도 하겠군.

처음 데려올 때 만발하던 꽃
다시 핀다면,
어쩌면 그건
우리의 찬란한 성공.

다 보여주지 않는

구름의 모양과 배치는
하늘이 품은 패턴의 극히 미미한 일부,

바닷가에서 일어나는
하얀 거품 같은 것.

이른 아침 블라인드를 걷으며
온 하늘을 상상의 패턴으로
가득 채우다가 문득 감탄하네.

참 대단하구나.
다 보여주지 않는 하늘아.

매미 허물

흙을 떠나는 건
여간해서 허용되지 않는 일,
많은 생물에게 치명적인 모험.

사람조차 밭을 기어 다니며
쇠스랑 같은 손으로
흙을 파헤치고 다독이지.

나무줄기에 매미 허물,
다시 흙으로 떨어질 미물이
잠깐이나마 날아오르려
힘껏 디딘 구름판.

바이칼

머나먼 이상향 같은 곳.
케이비에스 날씨 예보 때마다
등장하던 검푸른 손톱.
왠지 그리워했네.

일본제국에서,
여전히 일본국에서,
바이까루, 바이까루
조선 먹고, 만주 먹고
대동아 팔굉일우,

꿈꾸는 국경이
그 호수인 줄
뒤늦게 알 때까지.

봄비

밤새
봄비가
예보된 저녁.

아직 한참
옅은데도
요염한 어둠.

비 오는 풍경

서해가 아득히 너울로 떠올라
반도의 기슭을 오른다.
흠뻑 젖은 은회색 반투명 너울.

훨훨 너른 폭으로 온 산에 드리우자마자
올올이 풀려 안개로 출렁인다.
틈새와 주름에 샅샅이 파고드는 안개.

꽤 오래 걸리더라도
바다는 어김없이 제자리로
돌아갈 것이다.

방향이야 어디로 잡든,
온갖 찌꺼기와 묵은 때 훑어내
기름진 양분으로 품고.

뿌리 사이로 흐르는 물

물은 흘러야 한다
뿌리 곁에서도 마찬가지다
물이 멈추면 뿌리가 썩는다

파우스트가 시간에게 말했지.
넌 참 아름답구나, 하염없이 머물러줘.
넌 참 아름답구나, 여기에 눌러 앉아줘.

시간에게도 물에게도 머무름은 파국이다.
물은 뿌리의 솜털을 스치고 떠나야 한다.

모든 탐스러운 싹과 잎과 꽃은
뿌리 사이에 닿기 무섭게 영영 떠난 물의 자식이다.

삼월 배추밭에서

김장철 지나 방치한
삼월 배추밭에서
검은 비닐 걷어낸다.

폐허를 더 순수하게
만드는 일.

봄이란 놈이
막장에 이른 폐허를
갈아엎으며 닥치는
새로움이라면,

향기로워라.
만천하에 폐허를
발가벗기는 일.

식물의 시간

화초를 키울 때 가장 어려운 건
그냥 놔두기다.

아이도 마찬가지야, 각시가 말한다.
기다려줘야 할 때가 있어.

식물의 시간에 박자를 맞추기.

시간을 일일이 기록할까 하다가
왠지 몹시 부적절하다는 느낌.

여름으로 넘어가는 동네 뒷산에 들며
식물의 시간을 호흡으로 상상한다.

이대로 산에 들어 매미울음 끝까지 듣고
가을쯤 고추잠자리랑 같이 나오면 좋겠다.

온 흙과 물의 나라에

바람이 흙에게
고맙다 할 때,

불이 물에게
안아달라 할 때,

흙과 물은
아무 대꾸도 안 하리.

바람의 눈에서,
불의 눈에서,

눈물만 펑펑
눈처럼 쏟아져,

온 흙과 물의 나라에
다만 흥건하리.

입동

내뱉는 숨에
내리는 하얀 서리.

속에서 피어올라
나무껍질을 감싸는 새하얀 기운.

석 달 뒤 복수전을 준비하며
감량 중인 생명들.

바짝 올린 가드 사이로 눈빛,
계곡 냇물 위 얼음 결정 같은.

지하철 안에 검은 벽

모두의 시선이
제각각 꽂힌 곳.

저 엑스칼리버들을
감히 누가 뽑으리오.

한 몸인 공간을
저항 없는 파열로 이끄는 촉매.

여기와 함께를
순식간에 녹여 없애는,

모든 각자의 손안에
검은 벽.

차라리 폭풍우가

내가 오래전 뱃사람이라면
차라리 날뛰는 폭풍우가 낫지,
무풍지대는 정말 끔찍할 게야.

고인 시공(時空) 안에
호박 속 오랜 옛날 날벌레처럼
일없이, 일없이 붙박일 터이니.

가지 많은 나무조차 잠잠한 나날,
노년에 다가가는 이 누구도
뾰족한 대책 없으리.

한강의 앞물결

한강의 앞물결
처량하구나, 처량하다 못해
참담하구나.

뒤에서 미는 힘 하도 약해
망설이다 망설이다 돌아보니,
뒷물결 잦아들어 말라가네.

바다에 닿긴 글렀는가.
길을 비켜라, 호령하는 뒷물결 없네.
오도 가도 못하고 이대로 진창 되려나.

참담하구나, 한강의 앞물결
뒷물결에 밀려나지 못하네.
얼마나 못났으면,
얼마나 못 낳았으면.

흙 속으로 스미는 봄비

꿈이 깨어있는 삶 속으로 침투하는 것은
몹시 위험한 일일 수 있다.
냉정하고 싶은 삶에게도 그렇지만
무엇보다도 꿈 자신에게 그렇다.

양푼에 담긴 파삭한 밀가루에
물 한 대접을 붓고 주무르기 시작한다.
이제 곧 가루도 아니고 물도 아닌 반죽 덩어리가
양푼에 들어앉아 내 손까지 삼키려 들 것이다.

마른 땅에 봄비 내린다.
농부는 흐뭇해서
배고픈 줄도 모를 테지.

흙 속으로 스미는 봄비,
거기 오래 머물러야 할 것이며,
먼 훗날 혹시 벗어나더라도,
이 맑은 모습으로 돌아오는 일은
영영 없을 것이다.

02

그때 그 돌멩이가

열 살 즈음에 나는 길 위에 돌멩이를
즐겨 툭툭 차고 다니는 아이였다.
꿈이 축구선수였냐, 같은 쉰내 나는 질문은 거둬라.
난 단지 나로서 이미 모든 것이었으므로,
따로 꿈 따위가 있을 리 없었다.

어느 날 하굣길,
저 돌멩이 하나를 계속 차면서 집에까지 가볼까,
생각했다. 바로 다음 순간부터
집에 세 번 가고도 남을 시간 내내
불굴의 의지와 지극한 정성으로
드리블과 패스를 이어간 끝에 마침내
문전으로 어시스트를 찔러넣기에 이르렀다.
곧이어 당시 대세였던 국방색 철제 대문을 향해
야무지게 날린 마무리 슛!

나는 진짜로 해내고야 말았다.
황홀한 뿌듯함이 눈사태처럼 덮쳐왔고,
난 그 엄청난 성취를 누구에게도 알리지 않았다.
자랑과 인정 따위는 아예 안중에 없었다.

나만의 진지함으로 해낸 놀이의 성과는
오롯이 나만의 뿌듯함이며,

남들에겐 아무것도 아님을,
본능적으로 알고 그저 놀이를 누리던 열 살의 나는
나에게 알맞은 삶의 태도에
훨씬 더 가까이 다가가 있었다.
지금 구태여 이 얘기를 꺼내는
쉰넷의 나보다 훨씬 더 가까이!

그때 그 돌멩이가
정확히 나의 미간으로
총알처럼 날아온다.
다윗의 돌멩이다.

뒤통수를 바위에 밀착하며 간절히 비나오니,
잊었던 돌멩이여, 한없이 반가운 돌멩이시여,
부디 그냥 관통으로 끝내지 마옵시고
내 빗장뼈 위쪽의 모든 뼈를
산산이 깨부수소서. 정녕
아무 형체도 남지 않게 하옵소서.

그라시아스 아 라 비다*

난 열일곱에 한두 살 위 형들한테 시를 배웠다
걔들이 뭐 대단한 시인이었겠나,
라면집에서 삥이나 뜯을 줄 알았지.

그러나 난 그 경력을 자랑하곤 한다.
문예창작과 교수나 자부심 굳센 시인에게 배운 것보다
훨씬 나았다고 본다.

무제, 인생, 고독 같은 제목을 붙이면 맞았다.
진짜다, 시 쓰다 맞는 놈들이 정말 있었다.
그후 이제껏 난 무제, 인생 같은 단어를
제목은커녕 내용에도 써본 적 없는 것 같다.

문제는 사랑과 감사였다.
맞을 만도 하고, 안 맞을 만도 하고.
형들의 고민이기도 했지만,
우리의 고민이기도 했다.

이제껏 난 사랑과 감사를 노래하지 못했다.
감사를 들먹이는 순간, 세상 권력에 빌붙어
꿀물을 빨자는 것 같아 격한 반감이 일었다.
난 죽음의 순간에나 감사를 입에 올릴 모양이다.

열여덟 형들이 가르쳤을 리 없고,
가끔 찾아오던 스물대여섯 대선배들도
아무 말 없었지만, 사랑 또한 몹시 경계할 단어였다
사카린처럼 모든 음식을 단맛으로 버려버리는 독한 약물.

쉰여섯이 되어서도 난 감사와 사랑을 노래하지 못한다.
그러나 감사와 사랑을 노래하고픈 맘은
마흔 해 내내 그대로다. 어쩜
쉰 해, 예순 해, 일흔 해 내내.

*아르헨티나 가수 메르세데스 소사의 노래 제목

나의 메피스토펠레스 1 – 매스게임

등을 땅에 대고 팔다리를 올려
반짝반짝, 동동동,
그게 마지막 동작이었죠.
우레같은 박수가 터지는 가운데
서쪽으로 해가 기울고 있었어요.
날벌레 달라붙는 주황색 웃옷에
갈색 바지, 우리의 유니폼,
우리의 일심단결 매스게임.

독재 치하 중학교에서
몇 달을 훈련한 끝에 관제 축제를 위해
공설운동장에 나섰더랬습니다.
예쁜 처녀 윤리 선생이 증언하기를
건너편 관중석에서도 피부색으로 날 알아볼 수 있었다네요.
난 초경량 대원, 이인조 아크로바틱에서는 올라타는 역할,
칠인 인간 탑에서도 삼층 꼭대기 십자가.
단지 체중 문제였을 뿐, 성적 따위완 전혀 무관했죠.

연습 때마다 꼭 틀리는 놈이 나와 멈추던 대목들이
물 흐르듯 완벽하게 지나가고,
몇 천 관객이 고요히 숨을 죽이는 가운데
우리 이학년 학우들은 혼연일체로 기계처럼 움직이고,
꼭대기에서 정면을 응시하며 팔을 벌릴 때,

만일을 대비해 탑 근처에 배치된 선생들도 보였지만
멀리 대열의 한가운데 체조부원들이 세운
사층 인간 탑도 보였지요.

실은 그 탑 꼭대기가 내 자리.
체육 선생이기도 했던 체조부 코치는
삼년 내내 미련을 버리지 못했어요.
지명 당했으나 체조선수의 길을 거부한 나를
기회만 나면 더 세게 때리며
온갖 동작을 시범시키더라고요.
나는 제자리 공중 뒤돌기를 못했는데,
그 코치가 골반을 약간 밀어 올려 주면 거뜬히 해냈지요.
체조부 친구가 미소 지었어요

매스게임의 환희를 공유한 적이 있습니다.
심지어 독일에서, 동독 출신 젊은이가 상대였어요.
하루는 그 친구가 독일 서부 그 국제 도시의
대형마트에 다녀와서 마구 한탄하는 거예요.
한쪽 구석이 전부 동물 사료야!
이게 말이 돼? 사람 먹을 것도 부족한 판에?

난 본능적으로 반가워 그를 앉혀놓고,
어깨부터 소매까지 줄이 장식된 체육복과

아침마다 교장이 올라 훈화하던 구령대와
외부 행사에서 받은 상장을 교장이 다시 주던 관행을 얘기했어요.
경기도 교육감 아무개 대독,
동베를린 문부과학성 장관 아무개 대독.
그리고 그가 한없이 자랑스러워하는 동독의 매스게임을,
내가 영영 못 잊을 희열의 매스게임을 얘기하며
어깨를 끌어안았죠. 짜식, 그놈이 울었던가?

등 대고 누워 손을 반짝반짝, 발을 동동동,
우레같은 박수 속에 난 완벽하게 집단에 녹아들었고,
집단은 확고히 실존하는 단일 생명체였지요.
해가 뉘엿뉘엿 넘어가고 있었고,
그 동독 친구가 조회에서 구령대로 불려 나가
문부과학성 장관의 상장을
교장으로부터 멋쩍게 다시 받을 즈음,
시민 축제의 절정으로 불꽃놀이가 꽝꽝거리기 시작했어요.
만국기도 있었던가? 반자이, 반자이, 덴노 헤이까이 반자이!

나의 메피스토펠레스 2 - 음악

계집애 같다는 소리에 몸서리치지 않았다면
틀림없이 피아노 교습을 받았을 것이다.
조막손이지만 피아노 소리를 참 좋아했는데.

영특한 사내애에게 육사 진학을 권하던 그 시절,
내가 누나 따라 피아노를 배우겠다고 했다면,
국민학교 선생으로서 민족중흥에 이바지하던 부모님은
몹시 혼란스러웠을 게다.

뒤늦게 기타를 배웠고,
기타 선생이 나를 두고 재능 있다고 했다는 말
한참 나중에야 들었다.
한동안 기타가 유일한 위로여서
대학원 연구실에 갖다 놓고 빈 강의실에서 연주하곤 했다.

지금 나는 슈베르트의 도이치넘버 960번을 듣고 있다.
요절한 천재의 마지막 주요 작품이다.

독일에서 돌아오기로 결심하고 주변에 알렸을 때,
베이스 가수 토마스인지 울리히인지가 자못 근심했다.
기타는 어쩌려고?
뭔 소린지 잠깐 헤아리다가 대답했다.
걱정 마, 기타는 계속 칠 거야.

토마스인지 울리히인지는 내가 음대생인 줄 알았다.
반년쯤 쾰른 음대를 제집처럼 드나들며
기타를 든 모습을 자주 보였으니,
동료 유학생들에게 기대어 연주 후
뒤풀이까지 참석하곤 했으니,
음악가 동지의 안타까움을 살 만했다.

내 방엔 그때 독일에서 산 스페인산 기타가 여전히 있는데
현 하나가 끊어진 채로 방치한 지 오래다.
역도 한다고 오른손 엄지를 망가뜨렸으니
예전 같은 연주는 영영 불가능할지도 모른다.

음대에 멋진 남자 많잖아, 했을 때
한창 젊은 유학생 동료가 대꾸했다.
아휴, 태반이 동성애자예요.

나는 슈베르트의 마지막 피아노 소나타를 듣는 중이다.
아쉬움은 없다, 음악은 귀로 하는 것임을 알만큼은 배웠으니,
그저 이 곡에 충실할 따름이다.

나의 메피스토펠레스 3 - 교회

언덕 위 제일교회에서 우리 네 식구 살던 집으로 돌아오는 길
눈을 가리더라도 능숙하게 다니지.
사십여 년 지난 지금도 자신 있고말고.

만약에 그 골목 구비 길,
질퍽한 바닥, 옥죌 듯 좁은 구간들까지
옛 모습 그대로 남아있다면,
어디에서 왔는지 모를 나의 신묘한 감각,
오로지 그 길에서만 통하는 놀라운 신통력,
방송국 카메라 불러놓고 실연으로 뽐낼 텐데.

제일교회 터무니없이 덩치 키워 그 길 적잖이 잡아먹고,
우리 동네도 부동산 돌풍에 나뒹굴어,
이젠 없네, 그 길. 겨울 저녁이면 너무 어두워,
길 입구 가로등 아래 전가네 막내,
한숨 들이쉬며 주먹 꽉 쥐고,
주 예수 이름으로 명하노니, 썩 물러가라!
속으로 크게 외치고 달려 내려가기 시작했네.

그렇게 배웠지, 주 예수 이름으로 기도하여라.
잡귀는 물러가고, 온갖 소원 이뤄지고,
저 하늘 위 천당에 가리라!
입가에 피 흘리는 처녀 귀신 칠흑 속에서 튀어나올까 두려워,

그렇게 예수의 이름을 종종 써먹기도 했지만,
막내에게 제일교회는 그저 놀이터였네.
학교 말고 유일하게 미끄럼틀이 있는 곳.

종루 위 종에서 늘어진 밧줄 끄트머리를
깡충 붙들어 잡아당기곤
뎅그렁 소리에 깔깔거리며 흩어져 달아나던 곳.
종을 관리하는 사찰 집사님의 용서를 위해선
손 들고 무릎 꿇은 오 분이 필요했어.
예수의 이름? 엉뚱한 소리였지.

미천한 자들을 떠받든 신의 종교에 꽤 어울리게
제일교회는 큰 시장 가에 있었네.
시장 입구엔 미나리꽝, 순댓국밥집.
온종일 빨간 다라에 담긴 창자를 손질하던 아주머니들.
원체 거대한 차체에 더 거대한 짐을 싣고 꾸불꾸불 전진하며
"짐이요, 짐, 짐짐짐" 위협적인 소리로
클랙션을 대신하던 화물 자전거들.

아무개 집사는 어린 막내에게 목사가 되라며
교회 마당에서 신께 서약까지 시킨 분인데,
배추 장수였어. 물론 무도 팔았지.
어엿한 점포는 없었고 늘 리야카 곁에서

우렁차게 채소의 이름을 불렀지.
아무개 권사는 막내 친구 엄마인데, 삯바느질했어.
누구보다 교회 일에 열심이었지,
리야카 곁에 앉아서도 우렁차게 십계명을 욀 것 같은,
신앙으로 가득 찬 사람, 많이들 부러워했어.
하나님의 축복과 천당행은 떼놓은 당상이라 했어.
막내도 부러웠지.
특히 친구가 "니가 아무개 권사님 아들이니?" 소리 들으며
쓰다듬 받을 때.

그렇게 알고 보면
교회 사람들 대개 그 종교에 걸맞게 미천했는데,
누구도 미천함을 자인하지 않았고
누구의 미천함도 다독이거나 보듬지 않았지.
다들 기쁨이 넘치는 주님의 성도, 선택받은 민족,
전능하신 하나님의 아들딸이었어.
예수는 왕 중의 왕, 우리는 왕의 특명을 받은 일꾼.
세상의 어리석은 자들아,
지금은 너희가 호의호식하더라도 결국엔 우리를 섬기리라!

예수가 태어난 곳은 아늑한 마굿간이 아니라,
매서운 바람 휩쓰는 길가 쓰레기봉투 더미,
역전 창녀촌 후미진 골목 지린내 찌든 구석,

문둥이마저 침 뱉고 돌아설 막장이라는 걸
전혀 배우지 못한 막내는
자타공인 왕의 고위 관료인 목사로부터
영리하다고 칭찬받으며 〈내 주는 강한 성이요〉를 불렀어.
청동 갑옷 십자 무늬 찬란한 무사를 꿈꿨지.
남문 일대 시장마다 똬리를 튼 마귀들을 무찌르겠사옵나이다.

그러나 타고난 허우대가 장군감은 아니었기에,
또 사회뿐 아니라 교회도 시험성적을 숭배하던 분위기에서
성경 문장 외우기 대회 단골 우승자, 교회 대표,
노회 대표였던 막내는
이내 무사의 꿈을 버리고,
기도할 때 "솔로몬의 지혜"를 운운하곤 했는데,
그 지혜란 게 결국엔 솔로몬과 전혀 무관한 고득점 능력이었지.
솔로몬의 지혜를 달라고 빌면서 막내가 바란 건 일등이었어.

그러다 운명처럼 알게 된 사도바울!
예수와 일면식도 없는 이 사람은
하루아침에 스스로 사도가 되더군.
오, 멋진걸! 알고 보니 대단한 지식인이었어.
헬라어, 로마어에 능통했거니와
말과 글을 다루는 솜씨가 탁월했대.
희랍 철학자들과 토론하는 자리에서 조금도 밀리지 않았대요.

게다가 신약성경의 많은 부분이 이 사람 작품이라더군.

개신교에서도 세례명을 준다면
막내는 틀림없이 사도바울이 되었을 거야.
당대 최고의 학식으로 사도의 반열에 오르겠다는 야심을
세례명에 담았겠지.
어른이 되고 나서도 오랫동안 막내는
사도바울을 흠모했네, 아무것도 모르면서.

아무것도 몰랐어.
죽은 놈이 살아나고, 낮은 놈이 높아지고,
약한 놈이 이기고, 미천한 놈이 영광을 누린다는,
기독교의 당돌한 이야기에 담긴 뜻을.
막내도 몰랐지만 제일교회도 몰랐던 것 같아.
주로 구원받은 기쁨을 자랑하던 사람들의 교회.

천하를 제패하는 강자들이 하늘의 별만큼 수두룩할 때
소수민족 촌놈으로 태어나
결국 죽임을 당한 청년을 섬기는 종교요 그 교회라면,
시험성적을 숭배하는 세태에 맞서
막내에게 겸손을 가르칠 법도 했건마는,
가르치긴 했으나 배우지 못한 것인지, 설마 사도바울 탓인지,
어느 날 막내는 신께, 아니 교회에 하직을 고했지.

신흥 미치광이 예수쟁이를 잡아들이는 일에 열중하던
당대 최고의 청년 지식인 사울이
돌연 개종하여 예수의 사도로 자처한 것은
이천 년 후 제일교회 마당에서 막내가 상상한 것과는 딴판으로
신성한 지위로의 급상승이기는커녕,
가족과 친지 모두를 절망에 빠트리는 급추락이요,
낮고 미천한 자들 앞에 겸손히 무릎 꿇기요,
권력과 부귀영화에 등 돌리며 미소 짓기였다는 걸
막내는 몰랐어. 천당행을 약속받은 기쁨에 절로 뛰며
종소리 따라 모여들던 사람들의 교회에서,
묘기처럼 성경 문구를 외던 막내는 정녕 몰랐어.

이런 황당한 참사가 또 있을까!
겸손을 배워야 할 교회에서 오만을 익혔네.
가장 낮은 곳으로 흐르는 물을 본받기는커녕,
예수의 이름을 들이대며 세상을 호령하려 했네.
신을 만나러 간 교회에서 악마와 사귀었네.

사도바울처럼 될 테야, 세상의 모든 지식에 통달할 테야,
헬라어와 라틴어도 배울 테야, 어떤 논쟁에서도 지지 않을 테야.
죽음도 삶도 천사들도 권세자들도 현재 일도 장래 일도
능력도 높음도 깊음도* 나를 막지 못해!

시장 너머 나지막한 산 위에서 보면
기괴하리만치 거대한 덩치를 뽐내는 언덕 위 제일교회.
중년의 아파트 주민이 되어서야 작아지는 법을 연습하는 막내.
골목도 종루도 미끄럼틀도 없어진 지 오래.

막내는 수염이 반 넘게 하얘져 기도하네.
다만 바라옵기는, 신이여, 모든 피조물이여,
한 번만이라도 내가 누군가에게
선한 사마리아인이기를 바랍니다.
도와주소서.

*<로마서>에서 가져옴

나의 메피스토펠레스 4 – 과학고등학교

경기과학고등학교.
하마터면 거기 졸업생이 될 뻔했지.
교장과 부모와 내가 진학에 합의했으니까.

그때 영어 전공 담임이 말렸네.
이 아이는 과학자보다 훨씬 더 큰 인물이 될 겁니다.
셰익스피어나 키츠나 바이런을 읽었을까?
선생은 극구 일반고를 권하며,
군사정권의 지원은 신뢰할 수 없다는 불온한 말까지.

보컬 듀오 해바라기가 왔었네.
찬란한 조명 아래 현란한 손가락질로 기타를 치며
내가 살아가는 동안에, 난 알고 있었지, 어울려 지내던,
전국 최초 신설 과학고등학교 축제였지.
부러웠어, 그 목소리, 그 손가락질, 그 환호.

내가 다닌 중학교 근처 경기과학고등학교에 진학했다면,
지금쯤 나도 정아무개나 장아무개처럼
과학전도사가 되었으려나?
어쩌면 조기 졸업 후 카이스트에서 추락의 파괴력을?

정치권력에 대한 미련 때문이었을지도 몰라.
난 일반고를 선택했고, 누구 못지않게 정성 들여

솔아, 솔아, 푸르른 솔아, 노래했네.
그 좋다는 대학교 물리학과에서였지.
그 좋다는 학교에 다니며 엉뚱하게도
브레히트를 공연하고 시를 썼네.

내가 다닌 중학교 근처였어.
경기과학고등학교.
갔더라도 내 삶은 크게 달라지지 않았을 거야.
이 자리로, 나 자신에 이르는 길로
장하게 복귀했을 거야.
난 해바라기보다 더 절실하게 노래하거든.

과학전도사들은 미디어에 자주 등장해.
사람들이 좋아하니까, 아니
좋아해야 한다는 압박을 은근히 받는다고 할까?
시대정신이지, 빌어먹을, 과학허구와 과학을 뒤섞는 분위기.

경기과학고등학교 아래엔 훨씬 더 먼저 한일합섬이 있었네.
젖가슴 큰 누나들이 팔도에서 모여 합숙하며 실을 자았지.
우리 학교 옆엔 농고가 있어 늦가을마다 국화 축제를 했어.
기후변화 때문인지, 품종 개량 때문인지, 내가 늙어서인지
그 짙은 향기 이제 어디에서도 맡을 수 없네.

키츠, 바이런, 셰익스피어, 담임 선생님,
이 아이는 까칠한 중늙은이가 되었습니다.
얼마나 큰 인물인지는, 젠장.

나의 메피스토펠레스 5 - 신춘문예

그러니까, 공산주의, 공산주의가 맞겠어요.
맥락에 구애받지 않는 쾌활함은 젊음의 장점이자 단점이다.
그 신문 편집부 접견실에서 마주한 기자에게
난 정말로 말했지, 공산주의!

그 신문의 신춘문예 상금은 다른 신문들보다 반 배가 더 많았지.
훨씬 더 중요한 건 심사위원으로 예상되는 황 선생이었어.
사람들은 내가 그저 운으로 당선했다고 생각하는 편이었지만,

심지어 돌아가신 외삼촌마저도
니가 그것까지 해 먹으면 남들은 어쩌냐,
라며 내 말문을 막았지만,

솔직히 난 진지한 문학청년, 신춘문예 고시생이었네.
구름 위를 걷는 느낌이 뭔지,
바닥이 물컹물컹한 느낌이 뭔지,
당선 고지 전화를 받고 주민등록지로 초본 떼러 가면서
처음이자 여태 마지막으로 실감했네.

그 신문은 물리학도인 내가 특별하다고 봤는지
황송하게도 인터뷰 기사를 기획했고,
난 거시기 호텔 높은 층 아까 그 접견실에서
꽤 젊은 기자와 마주앉았네.

무슨 맥락에서 공산주의가 나왔는지는 전혀 기억나지 않네.

아우, 공산주의는 너무 세니까 사회주의로 가면 어떨까요?
네, 좋아요, 그게 그거니까요.
결국 기사엔 공산주의도 사회주의도 등장하지 않았네.
그 기자가 고마워. 말의 무게를 영 모르던 날
잘 구슬려 깨우친 그가 몹시 고마워.

아무튼 더 먼저 초본 들고 편집부에 처음 갔을 때,
내가 느끼기에 상당히 뚜렷한 입사 제안을 받았네.
신춘문예 당선자를 회사의 자산으로 써먹는 건
그 시절에도 살아있던 오랜 전통이었으므로
나로서도 황당한 제안은 아니었지.

혼자 헛생각하는 걸 수도 있겠지만,
아무튼 삼십 년 넘게 지나 가끔 생각해보지.
그때 내가 그 회사 편이 되었다면 어떤 삶이 펼쳐졌을까?

만인의 손가락질에 아랑곳없이
최고위 엘리트 만 명을 위해
옹골차게 도발하는 글을 써왔다면,
거울 속에서 어떤 얼굴이 날 마주할까?

물론 난 조직의 서열에 충실한 늑대와 거리가 멀어서
그 회사 직원이 되었더라도 몇 년 버티지 못했을 거야.
심지어 삶의 궤도에서 이탈했을지도 몰라.
그러나 혹시라도 내가 악착같이 살아남아
무려 만 명의 호응을 받는다면,
내 얼굴 사뭇 다르고, 눈앞에 풍경 전혀 다르겠지.

난 몹시 궁금하고 앞으로도 그럴 것 같아.
만약에 내가 만 명을 위해 글을 쓸 자격을 얻었다면,
만인을 깔아뭉갤 처분권을 위임받았다면,
남아(男兒)의 사명, 국가의 부름, 혈통의 결정적 권위를
최정상 발레리노의 연속 점프로 웅변할 대표선수라면,
난 과연 양심에 따라 앉은뱅이로 자처하며 뻗댈 수 있을까?

접견실은 좁았고 바로 바깥이 넓은 편집부여서 꽤 시끄러웠네.
만약에 내가 철학과 대학원에 진학할 예정이 아니었다면,
지금뿐 아니라 앞으로도 가끔 궁금할 거야.
만약에 내가 만인의 지탄을 무릅쓰고
만 명을 옹호하는 길을 선택했다면,
궁금하여라, 난 지금 어떤 모습일까?
혼자 헛생각하는 걸 수도 있겠지만.

나의 메피스토펠레스 6 - 젖과 꿀

젖과 꿀이 흐르는 땅은
강 건너 저편.

약속받은 적 없지만,
탐낸 적도 없는 줄 알았는데,

힘겹고 힘겹던 한고비 내내,
강이 만든 거리 혹은 간극은
부끄러움과 자책의 이유였네.

돈이 넘쳐나는 저편,
선택받은 자들이 눌러앉은 구역,
면허와 직위의 형태로 신분이 엄존하는 나라,
성공 드라마의 주인공들이 활보하는 땅.

추방당한 백성처럼,
파문당한 교도처럼,
외톨이 늑대처럼,
목놓아 울기도 했네.

하지만 결국 세월 따라 늙은 덕분에,
한고비 넘어가고 홀가분한 새벽이 오네.
얼마나 고맙고 다행스러운가.

강 건너 저편까지 아득한 거리는
오히려 넉넉한 안심의 이유.

강 건너 거친 언덕 위에서,
성벽 너머 돌산 위에서,
젖과 꿀이 흐르는 땅을 굽어보는 자에게 어울리는 건
부끄러움이 아니라 떳떳함,
자책이 아니라 당당함.

젖과 꿀이 못내 어색했던 것은 얼마나 다행인가.
젖과 꿀이 흐르는 땅에 한 자리 차지한 어른이
내 주변에 없었던 것은 얼마나 고마운 우연인가.
젖과 꿀이 흐르는 땅보다 바람과 구름이 떠도는 허공이
예나 지금이나 더 탐나니,
이 얼마나 홀가분하고 호쾌한가!

마우스

삼십여 년 전 그 대학의 로봇 경기 대회 명칭은
마우스 경진대회였어.
참가자가 직접 제작한 소형 로봇이
유무선 통신의 도움 없이 스스로 미로를 누벼
얼마나 빨리 출구에 도달하느냐가 관건이었지.
꽤 많은 참가자가 미로 중간에서 경기를 포기해야 했어.

난 물리학과생이긴 해도
기계나 로봇과 영 거리가 먼 문학청년이어서
마우스 경진대회 따위에 관심이 있을 리 없었는데,
내가 부장을 맡은 태권도부 도장이 검도부 도장과 붙어있었고
검도부장은 컴퓨터공학과 소속이었지.
체급도 비슷한 데다가 축제를 앞두고
함께 행사를 준비하다 보니
꽤 통하는 사이가 되었는데, 유능하고 진지한 친구였어.

칼 든 놈과 맨손으로 겨룰 일은 없어서,
그 친구 검도 실력을 평가할 순 없지만,
그래도 부장을 맡은 걸 보면 한칼 했겠지.
졸업하자마자 일본으로 건너갔는데,
아마 디지털 사업가쯤으로 성공했지 싶어.
한 건 올리면, 결정적인 머리 치기에 성공했을 때처럼
과장된 고음으로 괴성을 길게 뽑으려나?

어쩌면 도장에 밴 땀내 때문이었을 거야.
그 후각 인상이 얼마나 강렬했냐면,
지금도 난 스포츠 현장의 땀내를 맡으면
종목을 막론하고 온몸이 차분해져.

아파트 관리실 지하 체육관에서
운동이 약간 과해 숨이 헐떡거리고 심장이 쿵쾅거리면
신발장들이 빼곡한 체육관 앞 전실로 나가곤 해.
삼십여 년 전 여름 태권도장의 땀내를 맡으려고.

그 냄새의 효과는 어떤 약도 흉내낼 수 없지
지금도 내가 체육관을 떠날 때 관장이나 관리자에게,
심지어 아무도 없는 체육관 자체에
경건히 고개 숙이는 것도 그 효과의 하나야.

운동 끝나고 산속 계곡에서 목욕하고 도복 빨고
도장에 돌아와 일상복으로 갈아입을 때
그 디지털 칼잡이가 마우스 경진대회 이야기를 꺼냈네.
그놈은 당연히 출전 예정이었고,
꼼꼼한 놈이어서 대회 세부 규정까지 줄줄이 꿰고 있었어.
이를테면 로봇의 키가 미로 벽보다 높으면 안된다더군.
벽 위에서 미로를 내려다보면 실격이래.
아무튼 관건은 로봇의 자율 주행, 신속한 출구 도달이었지.

필시 그 도장과 옆 도장에서 우리가 쏟은
스무 양동이 넘는 땀의 마법이었어.
내가 그토록 황당한 질문을 그토록 진지하게 던진 것,
그 칼잡이가 참으로 차분하고 진지하게 응답한 것.

내가 진짜 쥐를 훈련해서 데리고 출전하면 어떻게 되냐?
- 세부 규정을 아무리 뒤져봐도, 살아있는 쥐는 안된다는 조항
  은 없어.
당연하지! 마우스 경진대회에 진짜 마우스가 나간다는데 막으
면 안 되지.
- 출구에 먹이를 놓고 유인하면 안 돼, 원격 통신 금지!
쥐는 똑똑해. 잘만 훈련하면, 먹이 없는 출구로도 쏜살같이 달
려갈 거야.
- 스피드는 탁월하겠군. 하지만 쥐가 미로 벽을 타 넘으면 실격
  이야.
쥐는 똑똑해. 잘만 훈련하면 사나흘 안에 규칙을 완벽하게 습득
할 거야.
- 대회 역사가 뒤흔들리겠어. 신기하네, 진짜 마우스를 배제하
  는 규정이 없다니.

아무래도 땀 냄새가 부린 조화였어.
기계들의 잔치에 생물을 내보낸다는 발상을 넘어서,

계획의 합법성을 검토하고 예상 결과와 그 여파까지 가늠한 것.
대회 상금을 헤아리며, 갓 본과에 올라간 의대 친구에게
참한 마우스 한 마리 구해달라 부탁할 마음까지 먹은 것.
진짜 피가 흐르는 마우스의 생존 능력으로
그 잘난 기계들의 코를 납작하게 눌러버리겠다고 다짐한 것!

만약에 정말로 마우스 한 마리를 구해서
남은 두 달 동안 합숙하며 미로 통과 훈련에 매진했다면,
틀림없이 우리는 최고의 경기력을 갖추고
출전자 등록을 시도했겠지.
나사와 톱니바퀴와 센서와 바퀴와 모터와
전지의 조합을 예상한 접수자 앞에서
나의 마우스는 새하얀 털과 반짝이는 눈과 예민한 수염으로
너털웃음을 유발했을까? 아니면 한숨이나 짜증, 심지어 분노를?
디지털 칼잡이는 그 자리에서 나를 편들며
세부 규정을 읊었을까?
심지어 죽도까지 뽑아 들어 말이 안 통하는 접수자의 책상을
두 동강 냈을까?

축제에서 우리는 유도부까지 아울러 합동공연을 했고,
마우스 경진대회는 조용히 치러졌으며,
검도부장이 어떤 성적을 거뒀는지는 모른다.

나는 마우스 파트너를 못 구했다기보다 안 구했다.
실천에 약한 이론가, 먹물에 익숙한 서생의 꼴이니,
솔직히 내게 어울리는 행동이요, 대수로울 것도 없지만,

그 삼십여 년 전 여름과 가을에
만나보지도 못한 마우스가 영 잊히지 않는 것이다.
전화하면 기계가 응대하는 것이 예사로운 지금,
기계와 대화해야 생존할 수 있는 지금,
기계를 따르지 않으면 점점 더 고립되는 지금.

생쥐야, 밥은 먹고 다니냐?
캄캄한 어둠 속에서 네 수염과 발의 놀림은
지구 역사를 통틀어 최고 수준이야.
난 인공지능보다 널 훨씬 더 높게 평가한다.
또 더도 덜도 아니라 딱 나만큼 연민한다.
생쥐야, 밥은 잘 먹고 다니자.
기회는 반드시 또 온다.

어떤 고마움

왼손잡이로 태어난 나는
삼십 대보다 사십 대에,
사십 대보다 오십 대에,
오른손을 더 잘 쓴다.

나의 오른손은 늘 지금
최고의 기량을 발휘한다.
이럴 수가, 온몸이
오른손을 부러워한다.

사회가 나를 무심히
양손잡이로 키운다.
마침내 얼마 전 가위질마저
오른손의 몫으로 넘긴 나는,

뜻하지 않은 꾸준함으로
평생교육의 기회를 베푸는 사회에
헛헛한 고마움을 느낀다.
일부러 나서서 돕는 상대였다면
결코 느끼지 못했을 순결한 고마움.

매발톱

매발톱 두 포기 사다가 한 화분에 심었다.
꽃봉오리 많고 벌써 핀 놈도 둘,
하얀색, 분홍색, 노란색이 섞여 있다.
매발톱을 닮았다는 꽃뿔은
늦은 봄비를 맞아서인가, 보기에도 말랑말랑.
살갗을 찢고 파고드는 예리함과 영 거리가 멀다.

매를 가까이서 볼 기회는 거의 없지만,
고속도로 달리며 보는 저만치 허공에 그놈의 자태만으로도
매는 가장 동경할 만한 새로 등극하기에 충분하다.
예나 지금이나 나는 매가 좋은 이유를
한마디로 요약하지 못한다.
여러 이유를 댈 수 있으나,
그렇게 여러 이유를 댈 수 있을 뿐이다.

허름한 서점 진열대에 놓인 잡지 표지에서
활공하는 매의 대가리 사진과 함께
'바람의 눈'이라는 문구를 보았을 때,
매의 매력을 한마디로 요약한 명문이라고 감탄했다.
동물계 최고의 속도와 높은 곳의 광활한 시야!
한동안 나는 매가 좋은 이유를 네 글자로 요약할 수 있었다.

그러나 머지않아 매의 놀라운 비행 솜씨가 떠올랐다.

황조롱이의 정찰 정지비행, 참매의 급강하 습격!
'바람의 눈'은 신비롭고 거룩한 느낌을 줄 뿐,
매의 삶에 정작 중요한 부리와 발톱을 숨긴 문구다.
나는 매가 좋은 이유를 여럿 대야 하는 처지로 복귀했다.

지상 오십 미터 베란다 난간에 걸린 매발톱꽃.
매는 찾아올 리 없고 나비도 날아든 적 없지만,
나는 매발톱꽃 주위를 나풀거리는 하얀 나비를 상상하고,
더 나아가 까마득한 상공에서 초인적인 초고화질 화면으로
꽃과 나비와 더불어 창 너머에서 자판을 두드리는 나까지
또렷이 굽어보는 참매를 어렵지 않게 상상한다.

전혀 이질적인 두 개의 정답, 나비와 매.
한 공간이 열어놓은 두 가지 비행의 가능성.

나비를 보면, 공간은 얼마나 가볍고 옅은가.
나비가 꿈의 상징인 것은
한껏 어지러운 나비의 비행경로가
없음과 다름없는 공간의 품에 안겨있기 때문이다.
없음을 휘젓는 현란하고 고요한 나비의 춤.

매가 활짝 편 날개로 지그시 누르는 공간은
거대하고 육중한 얼음덩어리다.

매는 얼음의 펑퍼짐한 윗면에서 맴돌다가
옆면의 급경사를 따라 하강하며 가속한다.
그 세찬 움직임을 미동 없이 떠받치는 걸 보면,
공간은 얼마나 옹골지고 굳센가.
꽉 들어찬 있음의 표면은 얼마나 매끄러운가.
얼음 같은 공간의 표면을 휩쓰는 매의 날개.

정답이 여럿인 건 결함이 아니라 풍요다.
공간이 열어준 비행의 길은 최소한 두 갈래다.
나비의 길과 매의 길을 실제로 한꺼번에 보는 행운은
매발톱꽃 떼지어 피어도 누리기 어렵겠지만,
나는 매발톱꽃 두 송이 보며 너끈히 상상한다.
매와 나비의 편대 비행을,
진실의 넉넉한 풍요로움을.

처음 찼던 기저귀

한동안 보수공사로
금줄 쳐 막았던
동네 놀이터.

아버지 휠체어 밀며
오늘에야 나와보니,
바닥 블록 틈새마다
바스락바스락 흰 모래.
가칠하고 보송한 감촉.

아부지, 뒤져보면 그거
어디서 나올랑가?
나 처음 찼던 기저귀.

틈새마다 스르르 흘러드는 느낌
가칠하고 보송하고 반짝거리는.

아버지의 패전처리

아버지는 패전처리 중이다.
아버지의 삶이 애초부터 실패라거나
아버지의 하루하루는 이제 무의미한 노역이라는
그런 뜻은 아니다. 다만,
소파에 늘어진 아버지의 과장된 듯한 숨소리가
옛날의 어느 패전처리 전담 투수를 연상시킨다.

언젠가 스포츠의 승부와 패전처리를 숙고한 끝에
'승부 너머'라는 중대한 개념에 이른 적 있다
승부 너머가 없다면,
패전처리는 절대로 선수의 과제일 수 없으며,
더 나아가 스포츠의 승부 자체가 붕괴한다.
승부 너머는 스포츠가 뿌리내린 토양이다.

유도 경기에서 숨통을 끊으려고 무한정 조르는 굳히기나
목뼈를 부수려고 수직으로 내리꽂는 메치기를 본 적 있는가?
한쪽 팔, 하반신, 온몸을 걸고 스포츠를 할 수 있겠나?
승부 너머에서 양편이 웃으며 악수하자는
굳건한 약속이 없으면,
최소한 승부 너머에서 각자 제 길을 갈 전망이 없으면,
스포츠는 없고 노련한 전사들의 끔찍한 싸움이 있을 뿐이다.

아버지는 패전처리 중이다.

그렇다면 승부 너머가 있다는 뜻이다.
적어도 패전처리를 연상하는 나는
승부 너머를 믿는다는 뜻이다.
아버지의 외견상 보잘것없는 마지막 과제의 존엄함을,
전국 곳곳의 시설에서 무의미한 듯한 임무를 띠고
굽은 허리, 말린 어깨, 퀭한 눈으로 마운드에 오르는
무수한 노인네의 삶이 이것으로 다가 아님을 믿는다는 뜻이다.

아버지는 패전처리 중이다.
혹시, 야무지고 상큼한 마무리일까?
곧 아버지의 마지막 투구로 승리가 확정되고,
경축의 꽃잎이 주변의 우리에게까지 뿌려져
천상의 나팔 소리를 타고 나풀거릴까?
아버지는 그렇게 생각하지 않을 것이다.
그러지 않으시기를 바란다.

아버지는 묵묵히 패전처리 중이다.
승부 너머가 뭔지는 딱히 모르겠다.
아버지의 마지막 임무를 의미 있게 해주고,
드디어 삶을 넘는 순간에 아버지를 안아줄 삶 너머가
어디에, 어떻게, 무슨 표정으로 있는지
내가 어찌 알겠는가. 나는 다만

살면서 시합이 끝날 즈음마다 늘 되뇌던 주문을 외며,
이것이 다가 아니다, 그 무엇도 다가 아니다,
거푸 주문을 외며, 너머를 부르는 것이다.
영영 잔치에 초대받지 못해도 모든 잔치를 떠받치는
승부 너머, 삶 너머, 결말 너머를 제법 간절히.

그때 그 기러기는

그때 그 기러기는 여태 울고 다니려나.
암 그래야지, 아침 바람 여전히 차고
철모르는 애들은 늘 처음처럼 재잘거리니,
한 생이 부족하면 대를 물려서라도
울고 다니고말고.

그 구렁이는 시방도 돌담 타넘으며
서까래 밑 제비집으로 탐욕의 눈살 쏘아대려나.
늦가을 어느 아침 전깃줄에 빼곡히 모였다 함께 떠난
우리 동네 제비들 안 돌아온 지 수십 년,
초가지붕 둥근 박은 이제 그림으로만 본 사람이 태반이라도,
그 구렁이 널름거리는 혓바닥에 제비 새끼 백스텝 밟다가
방금 실족하여 마당으로 곤두박질치고말고.

그 사슴도 마냥 샘 찾아 헤매려나.
남태령 상습 정체 구간, 어김없이 버스에 오르던
앵벌이 청년들 다 늙어 어디론가 떠났어도,
육이오 때 아버지 잃고, 월남전서 어머니 잃고,
삼풍백화점 붕괴 때 또 아버지 잃고,
대구 지하철 참사에 또 어머니 잃고,
이 한 몸 죄짓지 않고 살아보겠다고
형님 누님께 호소하던 그 추레한 사슴.

짚라인

짚라인 타고 날아가는 아이
손 벌려 쫒으며 아이구 내 새끼
내 이쁜 새끼 하는 아줌마

짚라인 반환점에서 크게 흔들려
떨어질 것 미연에 방지하려
아예 팔꿈치로 로프를 감아쥔 아이

까르띠에 브레송인가, 그놈이라면
덜컹 휘둘린 아이의 불안한 표정하고
아줌마의 이뻐 죽겠는 표정을 함께
사진에 담았을지 모르겠지만,

부질없다.
내가 그 아줌마다!
그 아이가 내 막둥이다!
비켜요, 내 새끼 한 번 더 타게.
만국의 주부 보살 만세!
기록 없는 무수한 주부에게 축복을.

추운 냄새

영하 십이 도 찍은 아침
유치원 버스 타러 아파트 현관 나서던 막둥이,

아, 정말 추운 냄새 난다.
맞아, 엄청 추운 냄새네.

엉겁결에 무심한 듯 대꾸했지만,
나도 가을을 코로 느낀다는 표현을 써보긴 했지만,
이놈은 아직 삼신할미와 통하는 사이여서
그야말로 차원이 다르구나.
필시 순록의 후각이 아닌가!
아이의 머리를 내려다본다.
보이지 않는 뿔.

차갑고 바삭한 이끼 냄새도 나는 것 같지 않니?

그 자리에 엎드려져 힝힝거리며
주둥이로 눈밭을 헤집을 뻔했다.

십이 년을 먹였더니

십이 년을 먹였더니
보람이 있구만.
아들놈이 견갑골에 파스 붙여줄 때
흐뭇하게 한 마디.

십이 년을 먹여놓았는데 이 꼴이면,
하이고, 제구실 하겠나.
아들놈이 까먹고 방치한 온갖 껍질
치우며 심각하게 한 마디.

문득 구원처럼 떠오르는 옛날 집터 유적.
아무 데나 마구 버려놓는 놈들이 없었다면
무릇 유적은 훨씬 더 빈곤했으리.

십이 년을 먹였더니
이놈이 유적을 조성하고 있었구만.
까마득한 후손까지 배려할 만큼 철이 들었는가.
십이 년은 더 먹여봐야겠어.
꾹 다문 입으로 고개만 끄덕끄덕.

막둥이 찬가

네 바퀴 돌아 나랑 띠동갑 막둥이는
향년 다섯 살 여섯 달
세계테마기행을 즐겨 보지

화면 속 멋진 풍경을
이제 가볼 가망 사실상 없기에
유일한 원본으로 즐기는
나랑 나란히 앉아,
와, 저기 가보고 싶다.
나랑 사뭇 다른 방식으로,
아빠, 같이 가자!
그런 줄도 모르는 채.

네 바퀴 돌아 나랑 띠동갑,
우리 막둥이는 굳건한 요새,
고령화사회의 음습한 기운이
우리 집을 넘보지 못하는 이유,

만 리 넘어 십만 리 장성,
낙엽에 구애받지 않는 바람,
바퀴에 아랑곳하지 않는 냇물,
아직 윤기 가시지 않은 새잎,
백만 리 너머까지 창창하실 생명.

흑염소로 해줘요

노란 소형버스에서 내리는
막둥이 손잡을 때마다

별 볼일 없는 내 삶의 황야에
뾰족, 눈이 돋는다.
멍한 귀에 아이가 쏟아붓는 얘기처럼
순결한 생기 넘쳐나 퍽 과분하다.

어머니 고관절 골절로 인공관절치환술 받고
두달 쯤 누웠다가 요새야 다시 일어나 걷는데,
종신토록 갈 버릇 그대로

천호 달팽이 엑기스 해주랴?
하신다.
흑염소로 해줘요,
했다.

그렇다, 이건
앞뒤로 꾸욱 눌러오는
감지덕지한 이중 행복이다.

03

나의 시간과 나란히

화초를 키우는 건
시간을 차곡차곡 쌓는 일.

나의 시간이 부질없이 휘발하는 동안
나란히 흐른 식물의 시간
고스란히 화분에 뿌리내렸네.

얼마나 다행인가,
나의 시간이 증발하는 동안
아이들이 젊음을 향해 달음질하는 것.

얼마나 서글프고 고마운가,
화초의 줄기가 굵어지는 동안
나의 시간과 나란히 흐르는 음악,
애당초 없었던 양,
깨끗이 사라지는 것.

나의 시를 받으시는 분

거실에서 햇빛 드는 베란다 쪽에
책상 놓고 밖을 향해 앉아 시를 쓰니,
흡사 빨래와 화초께 시를 올리는 꼴이다.

그 밖에 나의 시를 받으시는 분은
줄곧 화초 끄트머리를 흔드는 바람,
분방한 흐름을 일깨우는 구름,
드물게 난간에 까마귀,
더 드물게, 어머나, 노란 무당벌레.

가끔 김모라는 놈한테 이메일로 시를 보내는데,
그놈이 그 덩치에 발자크 상의 자태로
베란다에 우뚝 서 나를 내려다보는 걸 상상하면,
어머나 소름, 김모와 발자크와 로댕의 삼엄한 삼중 감시!

하여 역시나 나의 시를 받으시는 분은
반쯤 마른 채 꿈꾸는 빨래와
눈도 귀도 없이 향기로운 화초,
어머나 실은 허공.

내 역할 바꿔도

무협 소설엔 은둔 고수가 많았다.
골짜기마다, 설산 봉우리 토굴마다
기괴한 외관에 고집으로 똘똘 뭉쳐
젊은 딸의 수발을 받곤 했다

주인공 미소년은 우여곡절 끝에
은둔 고수를 만나 전설로만 남은
검법, 무기, 갑옷, 불로장생의 명약을 얻었다.

젊은 딸은 주인공을 따라 나서거나
말없이 공손하게 배웅 했다.
멋져라, 꼭 필요할 때 어디선가 나타나던 은둔 고수들.
그러나 내가 되고픈 건 당연히 주인공 미소년,
은둔 고수의 골짜기 몇 개 봉우리 몇 개를 순례한 후
당대 최고수로 우뚝 서는 영웅이었다.

그러나 어느 날 난 펑퍼짐한 배를 내려다보고,
정수리의 듬성한 털을 만져보면서,
캐스팅에 심각한 문제가 있음을 확신했다.

난 선망 받는 영웅이 아닐뿐더러,
괴팍해도 한끗발 있는 은둔고수조차 아니었다.
영화의 도입부에 등장하는 목제 인테리어 식당.

주인공이 동네 깡패 십여 명과 싸우며 탁자를 부수고
계단을 무너뜨리고 난간을 뜯어내고 의자를 날려버리고
조명마저 타잔처럼 매달려 박살 내는 그곳.
난 어느새 그 무고한 식당의 주인장이 되어있었다.

카메라와 그 뒤에 숨은 감독에게 다가가며
나는 단호히 선언한다. 내 역할 바꿔도.
나무 부서지는 소리 요란하고 내 입도 먼지로 뒤덮인 탓에
아무도 알아듣지 못한다. 그리하여
엄마 젖 빠는 흑염소 새끼의 절박함으로 외친다
씨발, 내 역할 바꿔도!

내가 놀면 거기가 놀이터다

모든 것이 걸린 관건은
일본과 정반대 길로 가는 것이다

절대무의 장소, 제따이무노바쇼
라는 것이 있다.

장소로 대표되는 불가항력적 환경조건이
모든 것을 규정한다는 교토학파의 근본사상에서
거룩하게 숭배하는 개념이다.
나치 하이데거가 한때 열광했다.

교토 학파의 사상을 운운할 것도 없이,
우리나라와 일본엔 장소 안내판이 많다.
여기는 놀이터, 여기는 호수, 여기는 빙판길,
여기는 운동장, 여기는 연병장, 여기는 천황궁.

나는 장소 안내판을 볼 때마다 속으로 외친다.
내가 노래하면 거기가 무대다.
내가 춤추면 거기가 춤판이다.
내가 놀면 거기가 놀이터다.
내가 싸우면 거기가 역사를 결정할 전장이다.

나는 일본인과 일부 한국인이 가련하다.

자기가 뭘 할지 생각하기 전에
장소 안내판을 살피는 놈들.

내 안에 하얀 뼈

내 안에 하얀 뼈의 형태로 죽음이 들어앉아 있다
내가 걸으면,
누구나 아는 죽음의 상징이,
두개골과 넓적다리뼈 한 쌍이 어김없이 동행한다

죽음이 우리를 늘 에워싼다는 말은
많이 순화된 표현이다.
죽음은
우리 내부 가장 깊은 곳에서 늘 굳건하게 활동한다

나는 가장 깊은 곳에 죽음을 품고 산다
이 역설은 자연이 진실을 표현하기 위해 낸 꾀라고,
어설픈 꾀라고, 철학자가 가르쳤다.

어설프다고는 하지만,
회피하거나 해명하거나 반박할 길이
영 보이지 않는다.
투박할지 몰라도 더없이 생생한 표현이다.

내가 풀려나 물이 되더라도

내가 풀려나 물이 되면
저리 맑은 물소리 내겠지.
스스로 알아채건 말건,
누가 듣건 말건.

아냐, 고인 물은 소리를 못 내니,
누가 바위투성이 계곡 되어
나를 떠받쳐야겠어.

이런, 공기도 있어야겠는걸.
소리는 공기가 있어야 생겨나니,
누가 안 보이는 공기 되어
우릴 감싸야겠어.

내가 풀려나 물이 되더라도
누가, 또 누가 함께 울어야겠군.

명색이 풀려난 내가 욕심 사납게
계곡 깔고 앉고 공기 휘감아
거느릴 순 없는 노릇이니,
이 맑은 물소리 우리가 함께 내야겠어.

내가 작아졌어

노욕만큼 추한 건 없으니
이쯤에서 옷깃 여미고 차분하게 살자.
마침 새해 아니냐, 마음먹은 후,

인터넷 안으로 밀어 넣었던 나의 한 자락
텅 빈 그물인 채로 심드렁하니 끌어당기고,
알코올과 한몸 되어 휘발 승천하던 또 한 자락
덜 마른 채로 꾸깃꾸깃 거두니,

속내 어수선하고 영 갑갑하여도,
참아야지, 암 머잖아 환갑인데,
장하게 다짐하다, 불현듯
객관적 시각으로 돌아보니, 좆도
내가 백배로 쪼그라들어버린 것이다.

각시야, 내가 작아졌어.
내친김에 빌붙자 작정하고
앵벌이 소년의 가련함으로 호소하였으나,

각시는 자비로운 눈길로 나를 압박하며,
괜찮아, 내가 있잖아.
막둥이는 눈 반짝이고 입맛 다시며,
우아 좋겠다, 아이스크림 한 숟갈로 실컷 먹겠네.

큰아들이란 놈은 골똘히 계산까지 해가며,
차에도 안 깔리겠어.
타이어 고랑에 충분히 들어가겠는걸!

내는 한 개도 안 억울해

기온이 뚝 떨어지자
아침마다 컨디션이 늘어진다.
딱히 감기가 든 건 아닌데.

아침볕에 그나마 데워진 바위 위로
기어오르는 도마뱀, 피가 식어 기력 없는 삭신을
십자가처럼 짊어지고 볕 쬐러 가는 도마뱀처럼
작업대 의자에 가까스로 걸터앉는다.

과학 시간에 굵게 밑줄 그어 주기를,
나는 젖먹이 항온동물이라던데
어찌하여 이러한 것이냐?
옆자리에 엎드린 거대한 도마뱀은
눈만 끔벅끔벅.

사실 우린 서먹한 사이지만,
임마는 젊어서부터 요래 늙은 꼴이니
얼마나 억울할꼬?
눈 맞추고 쓱 웃어준다.

살결 보송한 시절 있었으니
내는 한 개도 안 억울해!

형씨, 내구력만큼은 누가 형씨를 따르겠소.
지속 가능성을 갈구하는 우리 인류는
다름 아니라 형씨의 피부에서
천상천하의 모범을 보고 비결을 캐내야 할 것이외다.

서먹한 사이지만,
마주 보며 흐뭇하게
히죽히죽, 끔벅끔벅.

니는 억쑤로 억울한 기라

도마뱀이 말을 하리라곤 차마 상상하지 못했다.
결정적 사건은 꿈속 도둑처럼 닥친다더니.

봐라, 봐라.
니는 억쑤루 억울한 기라.
안 그렇나?

니 열 살 때 동네 나가믄 아지매들이 그랬제?
하이고, 우째 요래 뽀얄꼬,
사내놈이 똑 가시나라카이!

하모, 하모, 늙는 건 억울한 기라
와 늙노? 늙어도 속만 늙지,
와 겉까지 늙노? 자랑할 일 있나?
말 쫌 해봐, 눈만 꿈벅꿈벅하믄 우얄끼고?

틀림없이 부산으로 밀입항한 놈이다
적도 부근 어느 부두에서 상선에 기어들었겠지
이구아나가 맞으려나?

어쨌거나 노코멘트여.
느그도 주딩이 닫어라, 잉?
껍질을 뽀얗게 갈아부는 수가 있응게.

돌멩이 아지랑이

출렁이는 물은
바닥의 딱딱한 돌멩이를
춤추는 아지랑이로 만든다.

계곡 바위에 앉아 맑은 물소리 들여다보는 동안.

어린 첫째 아들은 전생에 비버였기라도 한 양,
나뭇잎 가지 걷어내고 돌 나르며 물길 정리에 한창,
더 어린 둘째 아들은 돌머리 디디다 기어코 풍덩.

아버진 기저귀 차고 병원에 누웠네.
소변 주머니 속 액체 맑아졌는지
사람들 종종 점검하겠지.

흐물흐물 아지랑이는
유체 속 유체, 매체 속 매체.
아버지, 나, 두 아들서껀
무릇 목숨 달린 놈은 모두 물 속의 물.

계곡 바위에 앉아 맑은 물소리 들여다보는 동안.

두루마리가 좌라락

복도에서 징을 치면
칠판 위 두루마리가 좌라락 풀렸답니다.
주관식 문제 몇 개가 적혔다나요.
부지런히 받아적고 피 말리는 숙고에 들었답니다.
신분을 결정하는 한판이었으니 오죽하였겠소.

윤 변리사에게 몇 번이나 청해서 이 얘길 듣고 또 들었다오.
1990년대였다는데, 이른바 법조계에선 곁다리 시험일 뿐인데,
징 치고 두루마리 푸는 건 영락없는 과거시험 아니겠소.
정말 그랬냐고, 정말 징 쳤냐고, 거푸 감탄하며 물었다오.

어릴 적 할아버지 댁 안방 다락에
종이꽃 매화 가지 두 개 꽂힌 관모.
조상님 아무개가 알성급제 하시어 하사받았는데
한지 꽃 누렇게 변색해 걱정이라던 아버지.

몰랐습니다, 아버지, 저도 가끔 유감이에요.
그깟 사법 고시, 소싯적 저라면 세 번 합격하고도 남았을 거예요.
그게 신분 상승이란 걸 알았다면 동기도 강력했을 테죠.
어떤 사내가 주지육림이 싫겠소.
결과적으로 죄송합니다, 아버지!

국책 연구원에서 30년 넘게 일한 생물학자 선배가 말하기를,

이 나라는 과거제도가 있는 나라야,
연구원장은 반드시 행정고시 출신이야,
나 같은 생물학박사는 장을 못해.
형님, 요샌 검사 출신이 내려오지 않소?

구십년대면 나도 어엿한 성인이었는데
난 대체 어떤 시대를 산 것인지,
정 판사가 정 변호사를 거쳐 드디어 정 의원이 되는 동안
쉰넷이 되도록 난 이 신분사회에서 뭔 헛꿈을 꾸었는지.

아버지, 정 의원 내 친구야.
병상에 앉은 우리 아버지 맑게 웃는다.
내가 일등, 정 의원은 내 아래였어.
병상에 앉아서도 아버지 갸우뚱.

목소리의 배신

물소리는 물에 젖지 않는다더니,
"목소리는 옛날하고 똑같네"
덕담을 듣는 순간,
그는 잠시 흐뭇하다가
시커먼 배신감에 휩싸이는 것이다.

배신이야, 배신!
내 안에서 나오는 목소리가 나를 배신하다니.
난 시간을 따라 속절없이 흘러가는데,
넌 영원에 말뚝을 박기라도 했느냐.

그러나 "배신!"이란 외침마저
그의 목소리가 가로챌 것이 뻔한 데다,
따지고 보면 목소리가 그의 소유물인 것도 아니고,
이 배신이 젖지 않는 계곡물 소리처럼
도리어 청명한 구석도 없지 않아,
그는 속으로 회색 투덜거림에 안착하는 것이다.

그래, 잘한다. 뭐 어쩌겠냐?
배신해, 계속 배신하라고.
그것도 능력이라면 능력이지.

반짝이는 모래 알갱이

빨래 걷어
가지런히 개다 만난
막둥이의 뒤집힌 양말.

옳게 뒤집으니,
양반다리 튼 내 허벅지 위로
우수수 모래 한 줌.

사흘 전 주문진 해변이나
그제 경포 해변에서
아이 신발에 실려 와
성탄절 장식 등 불빛 아래
반짝이는 자잘한 사연들.

아주 깊은 바닷속엔
나와 일면식도 없고
앞으로도 영영 없을 놈들이
참 많이 살고 있으리.

든든하고 흐뭇하여라
그놈들 덕분인지,
반짝이는 모래 알갱이 덕분인지,
잠든 막둥이 덕분인지.

시월 말 이태원

처량할 만큼
맑디맑은 날

기억은 여전히 발밑에서
섬뜩하게 물컹거리고

컴컴한 골목엔
여태 볕이 안 들고

진보는
말짱 거짓말이거나

우리의 손 뼘으론
도무지 잴 수 없게 느리고.

아이에겐 저 풍경을 보이지 마라

우리 집 향해 고속도로 달릴 때,
이른바 수도권에 진입할 때,

아이에겐 저 풍경을 보이지 마라.
반복이 지배하는 풍경,
오직 숫자만 연상되는 풍경.

천년의 신앙이 막고굴을 낳았다면
고작 반세기의 부동산 욕망이
저 막고굴의 바다를 펼쳐놓았다.

네모 구멍마다 깃들었을 각각의 사연을
그지없이 단순하게 정렬해버리는
저 광활한 수직 절벽들의 바다.

아이에겐 저 풍경을 보이지 마라.
개별자를 압살하는 반복의 풍경,
오직 숫자만으로 이루어진 풍경.

안과 치료받는 매

이 한 편을 썼으니 죽어도 좋은 시를
더는 바라지 않게 된 이후,
난 뭐랄까, 치과 치료받는 호랑이?
피부과 치료받는 구렁이?
아하, 안과 치료받는 매!

눈 깜박이지 마시고 그대로, 좋아요, 좋아,
됐습니다. 별 문제 없고요,
육십 넘으시면 안경 안 쓰시겠어요.

깃털 가지런히 모으고
무표정으로 눈 깜박, 깜박.
공손히 인사하고 돌아서는데,

와, 울컥하네.
칭찬이여, 조롱이여?
젠장, 이게 뭐여!

안나푸르나 아파트

마흔 훌쩍 넘어 본 장남
초등학교 졸업식.

늙어 거동 많이 불편한 어머니
감격으로 눈시울 붉게 적시고,
나는 면벽 중인 수행자라도 되는 양
표정 없이 침묵하지.

쉰 다 되어 본 차남은
두 달 뒤 입학할 그 학교
질퍽한 운동장에서
일없이 이리저리 내달리네.

이튿날 일찍,
음식쓰레기 버리러 나왔다가
문득 걸음 멈추고 보네.
아파트 숲 십칠 층 위로만
햇빛 드리운 광경,

안나푸르나 설산 봉우리들만
아침놀에 물든 장엄한 광경.

엘리베이터 문이

한바탕 뛰고 오시나 봐요?

아버지가 걷지 못하게 된 후
난 나이에 안 어울리는 역도에 더욱 열중한다.
다리 힘은 육상동물의 기본 조건.

아뇨, 요기 지하 체육관에서.

나의 거친 숨과 흥건한 땀을 알아준
배달원은 안전화를 신었다.
주로 건설 노동자가 신는 특수한 신발.
곧추선 못이나 철근을 밟아도 끄떡없다지.

엘리베이터 문이 열리자
배달원이 나서며 나에게 고개를 숙이다가
문틈에 발이 걸려 크게 휘청거린다.
오른 무릎부터 아래로는 목발이 틀림없다.

엘리베이터 문이 스르르 닫힌다.

원숭이도 없는 약장수

장터에 가면
원숭이 우리 들고 온 약장수 만나려나?
우리는 비었지, 창살에 원숭이 털만 조금.

그래도 노인들 모이려나?
금빛 단추 까만 교복 중학생처럼 호기심에 들떠,
일흔 넘어도 식지 않는 장한 성욕으로,
애들은 가라, 훠이, 애들은 가라,
눈에 불을 켜며 모여들려나?

공공자금으로 개설한 무료 철학 특강.
강사랍시고 열을 내다 문득 돌아보니,
내가 약장수 꼴이네, 원숭이도 없는 약장수.

청중의 대세는 육십 대 여성,
일흔 넘은 동네 할아버지 두엇,
간신히 끼어든 삼사십 대 둘.

그래서 저는 앞으로 어떻게 살아야 할까요?
환갑 훨씬 지난 할머니 질문에,
고령화 파도 뒤집어쓴 약장수
처음 하는 샤워에 숨 막히는 아이처럼
주둥이를 자꾸 문지르기만 하네.

입산

빛 좋은 비대면 강의 두 건,
조만간 접어야겠다.

이런, 사카린 희석액에 절인 개살구만도 못한,

비대면 강의가 심지어
약탈 피해망상을 부추긴다면,

관계에서 소비되는 느낌이야
이 시대를 사는 모두에게 익숙할 테지만,

화면 속 얼굴의 선량한 지적 호기심이
약탈의 욕망으로 덮쳐와 저항을 유발할 정도라면,

차라리 당분간 입산할 일이다.
산 때문에 상승의 이미지가 끼어들어 거슬리니,
숲에 숨어들기라고 하는 편이 낫겠다.
그 좋다는 쌍방향 원격회의에서 빠져나와
자청해서 방향을 상실할 일이다.

알이 방향을 알겠느냐,
한 세계를 깨부숴야 할 놈이
방향 따위를 따지겠느냐.

04

공간의 깊이

작업대는 거실 큰 창 앞에,
그 너머엔 다시 베란다와 외부를 가르는 큰 창,
운 좋게 대로변 높은 곳이어서
시야 오른쪽 귀퉁이 넉넉히
옆 동네, 먼 동네 아파트 곧은 모서리들.

중앙의 네모 화면은 더 먼 곳도 보여주지.
훨씬 더 먼 곳, 줌인하면 부푸는 온갖 형태들.

야생화 핀 풀밭 너머 찬란한 안나푸르나,
아마존 원시림을 뒤덮은 구름의 짙은 숨소리,
가본 적 없는데 참 많이 본 명소들,
실없이 일방적으로 친숙한 유명인들,
내 지식의 팔 할 아니라 구 할 구 푼인 모형들.

서로를 화면 속 모형으로 마주하는 안락과 무기력에 걸맞게
관계마저 모형화하기 시작할 때,

화면 너머 큰 창 너머 또 창 너머에서
분방하게 날리는 눈송이들, 마구잡이로 휘도는 삶,
모형의 곧은 모서리와 매끈한 표면을 허물어뜨리는 춤,
굵직함과 자잘함의 차이로 문득 공간의 깊이를 일깨우는,
실패와 부끄러움을 포근히 덮는 하얀 파편들.

그대 온몸으로 불쑥

그대 떠나려거든
멀리, 부디 멀리.

와이파이 없는 곳,
인터넷 그물에서 훌쩍 벗어난 곳,
무선전화 기지국 없고
전화선도 닿지 않는 곳,
우체통마저 없는 곳으로.

거기에서 고요를 쬐며
벼 이삭처럼 여문 그리움에,
어느 가을 아침 그대 온몸으로 불쑥
내 앞에 서지 않곤 못 배기도록

그리운 그대 떠나려거든
멀리, 부디 멀리.

국체라는 말을 들었다

대한민국 국회에서
국무총리가 이른바 국체(國體)를
거듭 역설하는 걸 들었다.

내가 읽은 어느 일본 책에 따르면,
요새 일본 젊은이들은 국체라고 하면
전국체전 정도나 떠올릴 거라 한다.

복잡한 역사와 맥락을 제쳐두고 말하면,
국체란 법을 초월하는 국가의 핵심을 뜻하는
대일본제국의 정치 전문용어다.
실질적으로 천황을 가리켰다.

며칠 후 대한민국 대통령도 국체를 운운했다.
이 나라의 국체는
자유민주주의 기본질서란다

헌법 위에 국체,
민주공화국 위에 자유민주주의 기본질서.
대한민국 국무총리 안에 일본제국 내각총리대신,
대한민국 대통령 손아귀 안에 천황의 초법적 권능.

이 나라 젊은이들도 국체라는 용어가 낯설 텐데 마침 잘 되었다.

민주공화국의 법 위에 은근슬쩍 군림해온 놈들이
환한 조명 아래 짐승 소리로 포효한다.

당신은 대한민국 시민 압도적 다수의 동의로 정한
헌법의 편인가,
그런 헌법이나 법률 따위에 구애받지 않는
절대적 국체, 천황, 독재자의 편인가?

국립생태원

국립생태원 극지관은
극지를 대표할까?
수족관에 펭귄 몇 마리는
남극의 생태를 보여줄까?

아니, 거기에서 무시무시한 구경의 욕구를 보았네.
젊은 부부와 유모차, 아이들, 가끔 노인들은
열대관에서 열대지방을 떠올릴까?
열기와 습기를 의식 바깥으로 밀어내는 막강한 구경욕은
장하게도 모형을 넘어 실재를 향할까?

휘황하고 어설픈 모형 앞에서
아이 어른 할 것 없이 머리를 들이미네.
생태원은 명색이 연구기관이기도 한데,
어깨싸움을 마다하지 않는 관람객 무리는
무엇을 연구하는 중일까?

국립생태원의 생태 모형은 진짜 생태에 구애받지 않음을
진입로 옆 너른 풀밭의 고라니들을 보며 확인한다.
울타리 안에서 편히 먹고 노는 그놈들은 단지 구경거리다.
농부들이 이를 갈며 퇴치하려 드는,
생동하는 맥락 안의 고라니가 아니다.

국립생태원과 이 나라의 생태는 어떤 관계일까?
모형이 실재를 반영한다는 건 공허한 명분일 뿐,
국립생태원은 어색하게 추가된 또 하나의 실재,
유모차를 앞세운 억척같은 구경 욕구의 각축장.

국화와 나비와 데이터

1.
십구 층 난간에 걸친 국화 화분에
하얀 나비 다녀갔다.

잠깐이었지만,
기계를 가져와 촬영할 짬은 되었다.

높은 곳 센 바람에 적응하느라 펄럭임 없이
종잇조각처럼 떠다니던 나비는 영영 가고
나에겐 디지털 데이터 세 뭉치가 남았다.

영 멋쩍다.
소리를 박제해놓기라도 한 것처럼.

2.
내가 돌본 보잘것없는 국화를
거대한 자연이 받아주는구나.
나의 정성을 온 생명이 인용하는구나.

그래도 이 높은 곳까지 날려오다니,
나비에겐 이 동네가 혹독한 황무지인 게다.
아이들이 없으면 내게도 다르지 않으리.

그 장하고 딱한 황홀의 순간이
디지털 데이터 안에 갇힐 리 없지.
국화 향기가, 나비의 가냘픈 꿈이
데이터로 재현될 리 만무하지.

근본적인 악

박근혜가 당선했을 때, 난 배 원장에게 투약 증량을 요청했다.
한 알 먹던 트랭퀼라이저를 두 주 동안 두 알 먹었다.

이병박이 당선했을 때 난 주술적 신화마저
압도하는 부동산 욕망을 실감했으며
투약량을 전혀 조절하지 않았다.

윤석열이 당선했을 때,
난 거의 처음으로 순수한 적개심을 느꼈다.
거기에도 약을 쓸 수 있겠지만, 의논하지 않았다.
나는 모두의 인권을 존중하는 칸트의 제자이므로,
해봐라, 맘껏, 분탕질해라!
난 기반과 토대와 바탕을 신뢰했으므로
이 천한 자들이 할 수 있는 천한 짓에 한계가 있다고 믿었다.

요새 나는 칸트가 말한 근본적인 악을 다시 살피는 중이다.
그냥 나쁜 짓이 있고 공동체의 가치관을 갉아먹는 짓이 있다.
후자는 근본적인 악, 대죄,
공동체를 위해 반드시 응징해야 할 악이다.
공동체여, 각자 약물에 의지하는 대응은 한계가 역력하니,
공동체여,
우리 다 함께 발톱을 세우고 이빨을 드러내야 하지 않겠나.

문득 샅에서 살랑거리는

오금도 그렇지만 특히 샅은 은밀하고 강력한 감각기관이다. 두려움도 느끼지만 봄도 느낀다. 봄이 다가오면 간지러움 같은 것이 양쪽 오금에서 기어올라 샅에서 살랑거린다. 섬뜩한 저림은 전혀 아닌데, 봄은 위험한가, 묘하게 닮았다.

겉늙어 귀히 대접받는 분재들 꼭 인공지능 챗봇처럼 마뜩잖아도 종종 감탄스러워 찬찬히 둘러보고 덤으로 오백 살쯤 먹어 보이는 어린 매실나무 꽃향기까지 실컷 맡고 비닐하우스 분재원을 나서는 순간, 문득 샅에서 살랑거리는 간지러움.

뺨에 닿는 바람은 아직 얼얼해도 어느새 버드나무 변색 완연하고 목련 가지에 꽃눈 기세 팽팽하다. 다리가 꼬일 것 같아 털썩 주저앉으며, 내가 졌다, 샅바도 잡기 전에 또 졌다, 두 손 들어 봄에 항복하는 것이다.

나, 살아남을 놈*

어젯밤 꿈속에 친구들이,
우리 나이 한국 남성의 평균대로
섹스 없이 살아가는 친구들이
나를 두고 수군거리는 얘기를 들었다.

그놈의 본질은 넘치는 성욕이야.
내 성욕이 사십, 네가 칠십이라면
그놈은 천이야, 백이 아니라 천!

우라질 놈들!
들에 핀 백합화, 에델바이스, 미선나무꽃보다
훨씬 더 청초하고 순결한 나를
이리 무참히 음해하다니,
내 당장 달려가 본때를 보이리라.

그러나 우리 가련한 짐승에게
생존은 뭐니 뭐니 해도 흐뭇함이요,
난 미래를 향한 간접 생존 루트를
이미 여럿 확보하여 보살피고 있으니,

여느 아침처럼
가녀린 마지막 루트를
노란 유치원 버스에 태우고 돌아서며,

그래, 살아남을 내가 참아야지, 하는 것이다.
과연 살아남을지, 그 살아남음이 무슨 의미일지,
확실한 건 하나도 없지만.

　　　　　*브레히트의 시 〈Ich, der Überlebende〉와 대조되기를 바라며 씀

마침 봄비가 예언되었으니

애타게 기다리던 봄비가 마침 예언되었으니,
나도 기뻐하며 거대한 비밀을 알려주마.

오늘 밤부터 모든 마른 땅에서
물이 흐를 것이다. 스미고 번지고
다독이고 쓰다듬으며 흐를 것이다.

나는 물 흐른 흔적에 착안하여
시를 쓴 적 있지.
내 자식도 물 흐른 흔적이라고,
그놈 얻었을 때 상상의 허공에 걸렸던 환희의 무지개도
결국 물 흐른 흔적이라고 썼네.

하지만 그때도 빤히 알았지.
푸른 하늘 아래
물 흐른 흔적 아닌 놈은 없다는 거.
목숨 달린 모든 놈과 모든 보금자리가,
아예 온 생명권이 물 흐른 흔적이라는 거.

언젠가 이 비밀만큼 통쾌한 리듬을 찾아내면
멋진 시로 노래하려 꿍쳐놓았는데,
마침 봄비가 예언되었으니 시원하게 털어놓으마.
만물은 물 흐른 흔적이다!

이 봄비 내리시는 동안,
특수전 부대처럼 군데군데 자리 잡은 꽃나무들
물 흐르듯 철수하고,
온 식물계의 녹색 보병 군단,
예수 패거리의 예루살렘 입성처럼
저항은커녕 환호 속에 풍경을 압도할 텐데,

이 또한 물 흐른 흔적이니라.
진실이 광장에서 외치니,
무릇 생명의 안팎에서 물이 흐르니,
귀 있는 놈은 들어라.
만물은 물 흐른 흔적이다.

때아닌 겨울비 오는 이유

성탄절 즈음에만 거실 한 자리 차지하는
정체불명의 가짜 나무가 있어.
아이들이, 무슨 나무야? 하면
그냥, 가짜 나무야, 해버리지.

관례대로라면 전나무여야 할 텐데,
아무리 봐도 그건 아니고,
진짜 솔방울이 달려 있긴 하지만,
플라스틱 침엽 보면 스트로브잣나무에 가깝네.

뭘 흉내 냈든,
구실은 그저 장식등 받침대인데,
벌써 십여 년 때마다 보니 정이 들었는지,
어둠을 이긴 해가 새해를 선포하고 보름쯤 지났는데도
이번 주엔 치워야지, 다음 주가 나을까, 망설이네.

망설이지 말고 반짝여라,
망설이지 말고 침엽처럼,
심지어 플라스틱 침엽처럼
한결같아라,
조언하기라도 하듯
때아니게 내리는 긴 겨울비
자연광을 다시 동지 즈음으로 되돌리네.

정 주니 죽은 놈도 마술을 부리는구먼.
막 만든 가짜 나무가 겨울비를 불렀어.

오냐, 아직 어두우니 안 치우마,
정체불명의 플라스틱 크리스마스트리야.
그 자린 설까지 네 차지다.

모란의 모란을 위하여

내 인상에 깊이 새겨진 봄꽃들은 흰색 계통이고 향기가 짙다. 향기의 꽃. 나의 여름 인상에서 도드라지는 꽃들은 색깔이 다양하고 강렬한 대신, 향기는 맹숭맹숭하다. 색깔의 꽃. 오늘 문득 모란꽃 핀 것을 보며, 옳다구나, 향기와 색깔의 꽃! 하며 그럴싸한 시의 첫 부분을 속으로 읊는다.

향기의 봄에서 색깔의 여름으로
넘어가는 고갯마루에
푸짐한 모란.
양쪽 기슭 다 품었으니
어디에도 이보다 풍성한 꽃 없어라.

그런데 고갯마루에서 겨우 몇 걸음 내디디니 떡하니 무리지은 찔레꽃이 나를 반긴다. 앗, 다시 향기 짙은 하얀 꽃! 아직 접경이니 봄기운 여전히 뻗칠 수도 있겠지, 수습하며 앞을 내다보니, 아까시나무꽃, 이팝나무꽃, 때죽나무꽃! 젠장, 어찌하여 너희는 여름에 피는데 하얗고 향기가 짙은 것이냐?

그러나 범람하는 하얀 꽃들 앞에서 혼자 우길 수는 없는 노릇. 저 멋진 도입부를 버리기로 작심한다. 향기와 색깔이 뒤섞이고 봄과 여름이 뒤섞이는 진실을 새삼 마주하며 깊이 반성한다. 복수초꽃, 홍매화는 외면하고 원추리꽃, 능소화만 보았구나! 모란 향기 속에서 여름 채소 냄새를 맡은 건 장하다만, 두는 족족 묘수인 자연을 상대로 섣불리 일반화를 꾀하다 망했구나! 그리하여 결국 나는 겸허히 반성문을 쓴다.

내가 친 일반화의 그물을 유유히 통과하는 꽃이여,
내가 세운 규칙을 폭파하는 꽃이여.
만약에 내가 샌프란시스코에 간다면
머리에 커다란 모란꽃을 꽃겠네.
나의 봄 아니라 봄의 봄을 위하여,
나의 모란 아니라 모란의 모란을 위하여.

물속 꼬리치는 미물 되어

1.
그래도 물이 되어야겠어.

고사포 바닷가 숙소 뜨끈한 바닥에 누워
커튼 빼꼼 열고 해 뜰 산마루 끔벅끔벅 보다가
바다부터 그 산 바로 앞까지 덮은 구름에 감명하여
그래, 그래, 역시 물이야, 끄덕거리는 것이다.

빛을 풀어 바른 색조 화장이 어디에 저렇게 잘 먹겠니?
저 황금색 봐라, 저 주황색, 자주색, 보라, 남색.
가장 낮은 바닥에 고였건,
저리 날아올라 허공에 떠다니건 상관없어.
모네는 거저 주워 먹은 거야, 진짜 화가는 물이거든.
바다에 나가봐야겠어,
저 다채로운 색깔들 바다에도 물들었겠지.

2.
어리석음 많고 욕심 많아,
뿔뚝뿔뚝 성내는 일은 훨씬 더 많아
다시 태어날 게 뻔하고,
필시 하루살이나 초파리로 한 오만 생 살 놈이
보는 눈은 있어서 감히 물빛을 넘성거리는구나.

오냐, 누렇고 미끌하고 끈적한 거시기 물이 되거라.
그 물속 꼬리치는 미물 되어 한 오십만 생 헛되이 달음질하면,
물이 어디에서나 화장을 잘 먹는 비결뿐이겠느냐,
무지개로 아롱거리는 묘수까지 너끈히 터득할 터이니.

배움

배울 게 한없이 많다는 건
기쁘고 고마운 일.
하지만 솔직히 팍팍한 일.

무술 영화를 봐.
오른 주먹 왼손으로 감싸
예를 표하며 주고받는 대사.
한 수 배우겠습니다.

그러곤 사정없이 조지지.
모든 단단한 뼈와 돌출한 마디로
표적을 들이박지.
피 튀고 의식 깜빡이고
짐승 소리에, 쌍욕에,
차마 못 볼 필살기까지.

무슨 배움이 이런 꼴이냐,
훈장님 지휘에 맞춰 다 함께
거룩한 문구를 낭송하는 게 맞잖냐.
나도 처음엔 고개를 가로저었지.

배움이 뭔지도 모르던 시절,
데이터를 왕창 입수해서

도리깨질, 키질, 써레질로
잘 골라놓는 게 배움인 줄 알았지.

나이 들어 배움이 버거워진 뒤에야 깨닫네.
진짜 배움은 위태롭고 아픈 일.
짐승이라면 누구나 꺼리는 일.

팍팍하기 그지없어라.
배울 게 한없이 많다는 건,
끝없이 늘어선 훈장들에게 포권지례하며,
한 수 배우겠습니다, 이 악물어야 한다는 것.

그래도 기쁘고 고마운 일.
늙은 복서에게 들어온 시합 제안처럼
솔직히 고마운 일.

부활절 꽃집

꽃집 아줌마 여태 날 몰라보네.
꽃피는 기세 쓰나미 뺨치는 이 봄에
내가 여기서 데려간 화초
벌써 예닐곱 점인데.

어떤 놈을 가리키든
자동 반복되는 이 칭찬 저 칭찬 끝에
급기야 판에 박힌 궁극의 찬사.

얘는 월동도 해요!

아무렴, 믿고말고요.
부활절보다 더 먼저, 더 어김없이,
봄이 무릇 물질에서 스며 나오는 걸
어찌 모르겠어요.

요새 정신과에서는 치유보다 회복을 주로 이야기하는데,
돌아가는 게 최선이라는 뜻일까?
설마 증상이 터져나오던 순간으로 돌아가잔 건 아닐 테고,
비교적 안정적으로 삶을 꾸려가던 시절로 돌아가자는 거겠지.

난 지난 삶의 어느 시점으로도 복귀하고 싶지 않아.
어차피 다시 꿈 같고 허깨비 같고 거품 같고 그림자 같은,

이슬 같고, 번개 같은* 길을
다시 걷게 될 테니까.

그러고 보니 부활은
다시가 이룰 수 있는 최고의 성취.
한낱 다시가, 헛도는 바퀴가 내는 그 소음이
가슴 터지는 희망, 더없는 환희, 영원한 승리의 이름인 걸
어떻게 이해해야 할까?

얘는 월동도 해요.
꽃집 보살님의 향기로운 법문.
낯선 겨울을 건너 낯선 새봄에 상륙해요.
부활이죠, 부활이라니까요.

*<금강경>에서 가져옴

스크린 앞 석고대죄

석고대죄해야 마땅하리
스크린으로만 만난 놈들에게,
목도리도마뱀, 북극여우, 백두산 호랑이, 참매에게,
스크린만 보고 그들을 안다 했다면,
정녕 무릎 꿇고 목 길게 빼고
처분을 기다려야 마땅하리.

주로 책에서 배운 자연에게,
이리 쳐내고 저리 메워
계산하기 편하게 뭉뚝해진 자연,
건너편에서 편안히 구경하던 자연,
이름만 자연이지 실은 모형인 놈들만 상대했기에
불쑥 마주치면 너무 당혹스러울 것 같아
마주하기를 거부해온 진짜 자연에게.

석고대죄해야 마땅하리
대각선 163센티미터짜리 대형 텔레비전 스크린,
61센티미터짜리 컴퓨터 스크린,
내 손의 주름과 떨림마저 가리는 핸드폰 스크린,
바로 곁, 바로 너머에서 무정형으로 꿈틀거리는 놈들,
절실하게 먹고 싸는 놈들에게.

연잎 위 물방울 속에

연잎 위에 물은 미세하게 떠 있다.
떠올라 바람 타고 떠나기엔
몸이 너무 무겁지만,
바닥에 퍼질러 앉을 기미 없다.
돌돌 구슬지어 구르는 물.

노래가 잘 될 땐
소리가 공간에서 생겨나는 것 같아요.
나를 둘러싼 공간이 커다란 울림통 같고,
저절로 생겨나는 소리가
바닥에서 발 뗀 채 공간에 꽉 차는 느낌.

어쩌면 무게 아니라 생명 때문이리.
연잎 위 물방울 떠 있어도 떠나지 않고,
공간이 낳은 음악 당신 곁에서 우는 것.

연잎 위 물방울 속에,
바닥에 발 딛지 않은 노래 속에,
더운 피가 흐르기 때문이리.

인공지능의 참담한 매혹

우리가 우리 자신의 업적에 홀려
절정의 신음과 함께 뜨거운 입김을 뿜을 때,

태초의 중력은 변함없이 지구를 궤도에 붙들어두고,
생명은 늘 그랬듯 나고 죽기를 되풀이하고.

아무도 본 적 없는 동굴 속 용이라도 마주한 듯,
벅찬 경외감에 무릎 꿇고 두 손 비비며,
지배하지 마옵소서, 긍휼히 여기소서, 인도하소서,
스스로 만든 기계를 우러르며
간절히 주문을 욀 때.

다시오리라 예상은 했다만 기발하고 참담하구나.
실리콘 비늘을 두르고 부활한 용이여,
이번엔 우리 인간의 형상을 넘어 작품인가?
파괴의 불을 뿜는 대신 생성의 혀를 놀리는가?
듣자 하니 네가 우리의 미래를 쥐락펴락할 힘을 가졌다는데,
정녕 우리 종의 운명이 네 손에 달렸느냐?

무릎 꿇을 만한 상대들을 파묻고 추방하고 외면한 끝에
드디어 우뚝 서기는커녕, 참담하게도 우리가
우리 유한한 인간의 초라한 작품을 한껏 부풀리며
마침내 고향에 당도한 듯 기꺼이 무릎 꿇고 찬양할 때

죽음은 우리 안에 단단한 뼈로 변함없이 건재하고,
그렇게 죽음을 품고 우렁찬 울음으로 아기는 태어나고,
차가운 파도는 텅 빈 모래 해변에 끊임없이 철썩이고.

안개비 오는 가을 숲

네가 어떤 색을 가졌는지,
나에게 어떤 색이 있는지,
우리가 얼마나 다채로운 숲인지,
푸르던 날엔 미처 몰랐지.

푸른 정답의 나날,
푸르고 흥건한 숨을 들이쉬고 내뿜던 시절,
꾸준한 장마처럼 한결같이 푸르고 푸르게
성장을 향해 일로매진하던 세월.

너에게 어떤 색이 있는지,
내가 어떤 색을 가졌는지,
우리가 얼마나 알록달록한 숲이요,
찬란하게 터져나가는 불꽃놀이인지,
푸른 젊음에 갇혔던 날엔 몰랐네.

너만의 향기와 나만의 향기.
정녕 안녕, 안녕히.
아이처럼 깔깔거리며 헤어지는
가을 숲에 나뭇잎들,
의외로 어울리는 안개비.

자연이 거둬갈 선물이

정말로 거둬질 때가 다가올수록
점점 더 또렷해지는 각자의 색, 각자의 향기.
무릇 정답의 턱을 돌려버리는,
가을비마저 땔감으로 삼아버리는,
저 숲의 문란한 불.

화들짝 깨어난 부활절이

1.
해 질 무렵, 그러니까
지구의 이쪽 면이 태양에 등을 돌리며
하염없이 우주로 드리운 지구의 그림자를
마주하기 시작할 때,

금강 하구에 내려앉은 가창오리들이
벌써 와 기다리던 밤인 걸 몰랐냐는 듯이
떼로 날아올라 까만 너울 펄럭이는 것을,

경주 문무왕 무덤 너머 갈매기들이
태양은 늘 제자리에 온전함을 선포하기라도 하듯이
물고기 무리처럼, 자유분방하게 박동하는 심장처럼,
하얀 몸뚱이 반짝이며 함께 춤추는 것을,

조금 더 먼저 사하라 사막에서
금싸라기 같은 모래 알갱이들 잔잔히 물결치며,
바닥에 잠든 동료들 꼬드기기라도 하는 양,
거대한 모래폭풍으로 일어나 대서양 건너버리자!
선동하기라도 하는 양, 쓰다듬는 것을,

이 모든 춤의 보이지 않는 바탕에서
아주 작고 가벼운 알갱이들 휘돌며

우리가 바람이라 부르는 멍석을 까는 것을,
그 멍석 장엄하게 흐르고 출렁이고 감기고 풀리는 것을,

눈 대신 정신으로 보며 문득 묻는다.
부활이란 게 과연 믿고 말고 할 거리인가?

2.
어제 난 화들짝 깨어난 부활절이
온 산의 초록 나무들 보며,
젠장, 벌써 또 내 차례냐,
허겁지겁 바지를 입는 것을 보았네.

흙 속이나 나무 속,
아무튼 생명의 살 속에서
희고 통통한 애벌레들
네댓 달 이어온 밀집대형 풀고
공격 기회를 잡은 축구팀처럼
널리 퍼지는 것을 보며,

운동장을 넓게 써라, 최대한 넓게.
뻔하디뻔한 조언을
새삼 속으로 읊었네.

휘저은 달걀노른자처럼

백 년 만에 가장 둥근 한가위 달이라기에
한평생 쌓아온 소원 알뜰히 챙겨,
어린 날 돋보기 아래 공책 태우던 햇빛처럼
또렷이 초점 맞춰 빌러 나갔더니,

휘저은 달걀노른자처럼
옅은 구름 속으로 풀어진 달빛,
물구나무서기를 권하네.

이내 더 늙어
힘이 달린다 한탄하며
이를 가는 신세 되기 전에,

소원과 원한, 후회도
흐물흐물 풀어지게 하소서.
때맞춰 회색 유체의 나라에 들어,
다만 혼탁한 유체로서 옹이 없이
널리 풀어지게 하소서.

05

부겐빌레아

우리 집 베란다에 부겐빌레아,
제일 큰 화분 내주고
제 고집대로 한 줄로 자라게 놔뒀더니,
몇 년 만에 풍성하게 꽃피었다.
철심 기둥 세우고
두꺼운 장갑으로 억센 가시 막아내며
가지를 이리 휘고 저리 휘어 고정하니,
기대 이상으로 멋지다. 겨우내
이대로 푸르고 붉을 모양이다.

부겐빌레아는 원래 남미 출신이지만,
우리 집 녀석은 아버지에게서 유래했다.
여리고 겁 많아 도리어 불뚝거리곤 하는 그 양반이
이 흔치 않은 식물을 어떻게 구했는지 모르겠다.
혹시 아버지의 원산지 강화와 관련이 있으려나?
강화 인산리 전가 대부분은 키가 크고 호리호리하다.
자꾸 길게만 자라는 부겐빌레아 가지를 닮았다.
예외적으로 키가 작은 나는, 다부지고 싶어서,
부겐빌레아의 허술한 몸매가 싫어서,
성장을 거부한 것인지도 모른다.

우리 집 부겐빌레아의 개화는
올해의 뉴스 같기도 하고 아닌 것 같기도 하다.

아버지의 요양병원 입원은 확실히 뉴스다.
방금 나는 아버지가 비운 집에 각시랑 애들이랑 찾아가
어머니와 해념이 짜장면 만찬을 즐기고 과일을 먹다가,
아버지가 쓰던 의자 등받이에 걸쳐놓은 내 웃옷을 보았다.
올올이 아무런 저항 없이 중력 안에 누운 몸뚱이는
아무 수고 안 해도 저리 편안한 자세를 잡을 테지.

벌써 새해지만 여전히 캄캄한 베란다에서
빨간 꽃 풍성한 부겐빌레아 꿈틀거리기 시작한다.
철심을 박을 필요도, 장갑 끼고 손댈 필요도 없이,
키 크고 호리호리한 인산리 전가 부겐빌레아 늙은 가지가
온 우주에 하나뿐인 곡선을 그리며 무중력 공간을 채워간다.

안녕, 클라우스

1.
쾰른에서 내게 철학을 가르친 선생이
올해 세상을 떠났다.
나는 박사학위가 없으므로
스승이나 제자 같은 거창한 용어는 삼가련다.

선생은 옌스라는 수제자를 두었고,
옌스는 마르쿠스라는 걸출한 제자를 두고
너무 일찍, 선생보다 먼저 삶을 마감했다.
돌이켜보면 옌스는 허리둘레가 예사롭지 않았다.

마르쿠스는 현재 글로 나를 가르치는
최고의 선생이다. 그의 글이 없었다면,
나는 내 선생의 가르침을, 내 선생과 옌스의 논쟁을
10퍼센트도 추가로 이해하지 못했을 것이다.
마르쿠스 선생의 말씀을 경청하며 진정한 기쁨으로
나의 아둔함을 자책하곤 한다.

번역이 생업인 덕에 마르쿠스 선생을 만났는데
낯선 저자의 생각이 나와 너무 비슷한 게 신기하여
그의 학연을 검색해본 날, 나는 전율했다.
마르쿠스는 내 선생의 수제자의 수제자였다.

요새 나는 마르쿠스에게 기대어
전통적인 철학의 개념들을 재구성하는 중이다.
물론 옌스와 클라우스의 작업도 다르지 않았지만,
마르쿠스는 유난한 박식함으로 나를 성큼성큼 인도한다.

클라우스 선생이 칠판에 서툴게 빛 원뿔들을 그려가며
상대성이론을 설명할 때 느꼈던 안쓰러움은 간데없고,
그의 제자의 제자 마르쿠스가 줄리오 토노니를 거론할 때,
의식에 관한 정보통합이론을 거론할 때,
나는 토노니와 대등한 신경과학 전문가의 논증을 듣는다.

마르쿠스는 나의 기쁨, 나의 자랑이다.
클라우스, 옌스, 마르쿠스로 이어지는 학맥의 찬란함이여.
내가 한때 그 가문의 사랑채에서 식객 노릇을 한 것은
얼마나 영광인가.
거기에서 아리스토텔레스, 플라톤, 플로티노스, 칸트,
셸링, 헤겔을 논했다니!
어린 마르쿠스가 그 논의에 끼지 않은 것은 얼마나 큰 행운인가.
나는 그 논의를 한 국자 퍼서
마르쿠스의 선밥 같은 글에 붓곤 한다.
그 기억 속 묘약이 없었다면, 난 줄곧 모래를 씹고 있으리.
마르쿠스의 오도독거리는 단어들이 없었다면,
기억은 그저 흘러내리기만 하리.

2.
마르쿠스는 나의 기쁨, 나의 자랑,
또한 쓰라린 아쉬움, 깊이 팬 흉터!
서울에서 나를 가르친 선생과 그 선생의 선생을 떠올리면
나의 흉터에서 정체불명의 언어가 솟아나네.

데칸쇼, 데칸쇼, 한 반년 지내보세, 아요이요이,
그 다음 반년은 누워서 지내세! 요시 요시 데칸쇼.

경성제국대학생 최재희는 이 노래를 틀림없이 불렀을 테다.
원래 일본어로 적고 부르던 노래인데, 대체 데칸쇼가 뭐지?

데카르트, 칸트, 쇼펜하우어란다.
소위 서양 근대철학의 대표자들이란다.
내가 젊은 시인의 설렘으로 들어섰던 한국 서양철학의 숲은
어떤 방식으로 얼마나 심하게 오염된 상태였던가!
대관절 왜 데칸쇼가 일년쯤 놀면서 읊을 구호였을까?

내 서울 선생과 그 선생의 선생뿐 아니라
이 땅의 수많은 철학 선생은 데칸쇼를 거론하면서,
결국 서양의 방식으로는 진실에 도달하지 못한다고
주장하곤 한다. 드높은 지혜를 담아 통쾌하게!

데카르트는 무절제한 의심이 가져오는 파국을 보여주었단다.
칸트는 사물자체에 대한 원리적 무지를 솔직히 고백했단다.
쇼펜하우어는 겉만 예쁘장하게 꾸민
서양문명의 추악함을 까발렸단다.

데칸쇼의 허점을 완벽하게 파고들어
업어치기 한판으로 메쳐버리고,
확고부동한 실질적 진실을 거룩하게 들어 올리는 사상은
야마토의 혼, 동양의 길, 팔굉일우의 대동아 제국주의,
한국적 민주주의였다.

그러나 허수아비 데칸쇼와 영 딴판으로,
데카르트는 모든 각자의 사리 분별 능력이
학문의 최후 보루라 했으며,
칸트는 모든 맥락과 관점을 초월한 진실을 운운하는
독단적 태도를 배척했고,
쇼펜하우어는 아무도 부정할 수 없는
우리 모두의 이기심을 강조했다.
이들의 가르침은 한 반년 누워서 읊고 말 사안이 결코 아니다.

나의 서울 선생의 선생은
당연히 일본인들에게서 데칸쇼를 배웠다.
그들은 물론이고, 그 두 선생까지, 이 동네 선생들은

데칸쇼를 비롯한 서양철학에서
거대한 허점을 발견하기를 좋아한다.
필생의 저서에서 대개 비슷한 허점을
저마다 진지하게 지적한다.

그러나 귀가 있다면 들어라, 선생들아!
데칸쇼의 허점은 없다. 애당초 데칸쇼가 없기 때문이다!
데칸쇼를 메쳤다고 믿는 당신이나 당신의 스승은
도리어 데칸쇼의 함정에 빠져 삼각 조르기를 당하는 중이다.
심판이 있었다면 벌써 끝났을 경기다.
다만 정신의 경기여서 당신네가 참패를
자각하지 못할 따름이다.
정신은 숨통이 끊기지도 않고 관절이 꺾이지도 않으니까.

20세기의 대표적 한국문학자 김윤식은
〈내가 읽고 만난 일본〉을 학자로서의 자서전으로 남겼다.
데칸쇼의 겨드랑이를 파고드는 일본인 사범들의 동작에 경탄한
반도인의 진솔한 감동과 찬사가 주요 내용일 성싶다.
데칸쇼를 메쳐 깨끗한 한판승을 거두는 것은
김윤식이 학자로서 일본으로부터 물려받은 꿈이리라.

데칸쇼는 본래 제국대학 신입생들의 구호.
제국에 충성하며 승승장구할 미래를 앞두고

딱 일 년만 실컷 놀자며 부르던 구호.
그러니 서양철학을 필생의 업으로 삼겠다는 놈은
열등아거나 철부지거나 반항아였을 게다.
나와 나의 서울 선생과 그 선생의 선생이 그러했을 테다.

3.
나는 가끔 마르쿠스를 조카님이라고 부른다.
내가 마르쿠스의 스승인 옌스의 스승인 클라우스에게 배웠으니
나는 마르쿠스의 학문적 아저씨, 마르쿠스는 나의 학문적 조카,
젠장, 허무맹랑한 족보에 기대어 실없이 친한 척한다.

그러면서 어설프게 괴테와 헤세를 읊기도 하지만,
목울대를 치받고 오르는 건 전혀 다른 노래다
그 노래는 데칸쇼를 바닷가 조개껍데기처럼 짓밟는다

내딛는 걸음마다
처참히 무너지기를,
무너진 자리 간간이
뜻하지 않은 새순 돋아
비로소 참으로 번창하기를.

클라우스 뒤징 씨, 안녕!

당신은 내게 가르친 것 없고,
난 당신에게 배운 것 없습니다.
안녕, 클라우스,
안녕, 나의 친구.

빠짐없이 차곡차곡

모르는 곳에서 모르는 나무가
시간을 쌓아가고 있으리,
나뭇잎 품은 흙으로
빠짐없이 차곡차곡.

깊은 바다 밑 바닷가재가
벗고 또 벗는
딱딱한 허물로,

화성 이산화탄소 바람에
풍화하는 붉은 바위가
부스러기 떠나보내고 얻은 빈자리로,

태양계 변두리 안 보이는 혜성이
증기기관차처럼 긋는
수증기 흔적으로,

모르는 이의 모르는 자식이
아비를 빼닮은 주름살로,
빠짐없이 차곡차곡.

오늘의 정답

정답은 많아. 모름지기 도법자연(道法自然)이라 했으니 자연을 보라고. 생존과 번성이라는 생명의 과제에 어떤 정답이 있을까? 들판에, 바닷속에, 공중에, 산과 계곡에, 심지어 사막에도 온갖 정답들이 우글거리잖아. 우리가 아는 것보다 훨씬 더 많은 동물과 식물 종들이 제각각 정답이야. 나비도 정답이고 매도 정답, 이끼, 붕어, 소나무, 봉숭아도 동등한 정답이야.

정답은 몇 백만 개도 너끈히 넘어. 더구나 생물 개체들까지 생각해봐. 전나무 한 그루 한 그루가 다 제자리에서 나름의 방식으로 생존과 번성을 성취하잖니. 이렇게 따지면 정답은 무수히 많아. 물론 아주 건강한 올리브나무라도 무한정 생존하고 번성할 순 없으니, 각각의 생물 개체는 잠정적인 정답이라 해야겠지. 그러고 보니 이 모든 정답의 유효기간은 상한선이 정해져 있군. 50억 년쯤 지나면 태양이 수명을 다하니까.

그렇다면 오늘의 정답이라고 하자. 우린 오늘을 살고 있으니 관건은 오늘의 정답이 아니겠니? 미생물은 안 따질게. 걔들을 무시해서가 아니라, 걔들까지 나서면 얘기가 너무 싱거워져서야. 우리 인간과 덩치가 비슷한 대형동물만 따지자. 오늘의 정답이 몇 개냐? 셀 수도 없지 않겠냐? 다 고만고만하게 비슷한 정답들 아니냐고? 도롱뇽도 정답이고 코끼리도 정답이고 닭도 정답인데?

정답을 딱 하나 골라내는 문제를 잘 풀면 성공한다고 아주 많은 사람이 그러지. 부디 휘둘리지 말고 학교 담장 너머 자연을 보길 바라. 오늘의 정답들이 온갖 모습으로 날고 뛰고 걷고 기고 헤엄쳐. 모름지기 도법자연이라 했어. 길은 자연을 따른다. 매일 무수히, 동등하게 갈라지는 길.

연노랑 금붕어 존자

우리 집에서 인간을 빼면
존자가 유일한 척추동물로 남는다.
연노랑 금붕어 존자!
언뜻 거창한 이름에서
가섭존자나 아난존자를 떠올리지 마라.
존자는 그저 생존자의 준말이다.

온갖 축제 들끓던 계절
아파트 야간 장터에서
막둥이가 할머니 앞세워 사 들고 온
비닐봉투 속에 금붕어 두 마리.
급한 대로 큰놈의 도마뱀이 살다 떠난
투명 플라스틱 상자에 물 담고 풀어 놓으니
이튿날 아침에 벌써 한 마리 둥둥.

막둥인 아쉬운 내색도 없는데
오히려 내가 섭섭하여 아이와 손잡고 마트에 가서
두 마리를 더 사왔네.

재미로워라,
금붕어 세 마리 노니는 파충류 사육장.
오른쪽으로 흐르는 빨간색,
역류하는 노란색,

우물쭈물 또 다른 빨간색.

바닥에 굵은 모래 깔고
작은 여과기까지 설치하여
플라스틱 상자가 제법 어항 꼴을 갖추는 동안,
빨간색 두 덩이는 수면 위에 와불처럼 누웠다가
내 젓가락에 집혀 창밖으로 던져졌고,
유난히 무뚝뚝한 노란색이 존자로 남았네.

존자가 좀 커진 것 같지 않니?
내가 한번 물은 후로 아이들은
정말 커졌네, 맞아, 커졌어!
딱히 유도한 대답은 아니다.
솔직히 나는 존자의 성장을 느낀다.
특히 지느러미의 움직임이 더 우아해졌다.

생존이 유일한 목적인 삶은 언젠가 감수해야겠지만,
생존이 부끄러움인 상황은 견디기 힘들 만큼 비극적이다.
그런데 그런 상황이 의외로 드물지 않다.
나는 나 자신의 생존을 찬미할 길을 애써 모색하곤 하는데
그 바탕에 생존과 부끄러움의 결합이 있음을
부디 아이들은 한참 후에 깨달았으면 좋겠다.

혹시 존자도 존자여서 부끄러울까?
아냐, 이놈은 물고기여서 생존이 마냥 즐거울 테지.
아무튼 존자도 조만간 수면 위에 와불로 눕고
임시방편 어항은 빈집으로 남겠지,
유난히 무뚝뚝한 그놈의 한결같은 대답은
뻐끔뻐끔.

금붕어란 놈이 원래 우아하던가?
반짝 가을빛 속에서
존자가 지느러미를 하늘거린다.
배경에 참빗살처럼 촘촘히 빛살을 그어
그 우아한 운동을 치장하고 싶다.

이상한 여자들

낯 껍질 대신 매끄러운 애니메이션 뒤집어쓴 여자,
텔레비전 뉴스 직전 광고에서 보았지.
처음엔 안면 기형인 줄 알고 화들짝 놀랐네.

단정하고 귀여우면서 무심한 여자 목소리,
차츰 익숙해 졌지만 처음엔 적잖이 감탄했지.
어느새 우리 아파트 관리실까지 대변하네.

시집 냈다고 친구에게 알리니,
이북은 언제 내냐,
자기는 요새 프로그램이 읽어주는 이북
듣는 맛에 빠졌다네.

전기신호와 음파로만 존재하는 젊은 목소리들이여,
전기신호와 픽셀로만 존재하는 팽팽한 피부들이여,
너희가 대개 여자인 이유를 모르지 않아.
우리의 메마른 호감을 짜내고
너덜너덜한 외로움을 들쑤실 셈이란 걸.

연료가 바닥나는 별처럼

끝나지 않은 노래*
오랜 침묵 건너 다시 부르면
지금이 그때로 빛처럼 날아가려나.

함께 부르던 노래*
멀리 떠내려와 다시 부르면
여기가 단박에 거기로 건너가려나.

작별 인사 못 한 그 시절
낯설어졌어도 다시 돌이키면
헤어지지 않은 온기 솟아나려나.

웬걸, 장하고 딱하여라.

여긴 여기에 붙박인 채로,
지금은 지금에 못 박힌 채로,
낯섦은 한참 전에 들어찬 어둠인 채로,

그때 거기를 향해,
헤어진 적 없는 그 시절 향해,
적색거성처럼 부푸네.

꺼지기 직전 울컥거리는 촛불처럼,

걷잡을 수 없이 맥동하네.
그때 거기를 품었다 내쳤다 하네.

장하고 딱하여라, 연료가 바닥나는 별처럼.

*김광석의 노래 〈끝나지 않은 노래〉에서 가져옴

청각과 평형감각의 근친성에 대한 연구

1.
밤새 쌓인 풀벌레 소리
모든 표면에서 튀며
반짝이는 가을 한낮
새삼 떠오르는 오랜 질문.

왜 귓속 깊은 곳 아주 작은 미로 안에
달팽이관과 전정기관이 함께 있을까?
어찌하여 청각기관과 평형감각기관이 그리 가까이 있을까?
중력은 궁극의 암반처럼 굳건한 반면
소리는 참 가볍고 덧없어 상극에 가까운데.

2.
소리는 움직임의 신호야.
움직임을 알리기도 하고
움직이라 재촉하기도 하지.

숲속에서 풀을 뜯다 말고 화들짝
목을 세우고 귀를 쫑긋거리는 사슴을 봐.
아주 작은 바스락거림을 들은 거야.
그 신호가 더 강해져 문턱을 넘으면,
사슴은 전속력으로 달리기 시작해.

사냥꾼의 움직임을 알려 사냥감의 움직임을 유발하는 신호.

달리기 선수들이 소리를 듣고 출발하는 건 우연이 아냐.
우리 동물의 삶에서 소리와 운동은
근원적으로 얽힌 한 쌍, 동전의 양면.

3.
처음엔 뜻하지 않은 발효로 생성된 알코올 탓이었을지도 몰라.
저장소에서 상해버린 과일을, 겁이 없어서인지, 굶주려서인지,
눈 딱 감고 먹어버린 몇몇 동료의 유쾌한 비틀거림,
중력을 맞수이자 도우미로 삼아 벌이는 놀이.
그렇게 춤이 탄생했을지도 몰라.

물론 밑바탕에 자연적인 연결이 애당초 있었겠지.
춤곡을 들려주면 몸으로 반응하는 아기가 많아.
중력과 알코올은 당연히 모르고
나와 세계가 다르다는 것조차 모를 신생아가
누운 채로 팔다리를 버둥거리며 춤춰.

몇 놈이 취해 유쾌하게 비틀거리며
손뼉으로, 발 구름으로, 발성기관으로 소리도 냈을 테고
결국 무리 전체가 요란하게 휘청거렸겠지

그래, 먼저 춤이 있었고,
나중에 음악과 신체 동작이 갈라진 거야.
춤의 청각적 측면과 평형감각적 측면이,
소리 느끼기 놀이와 중력 느끼기 놀이로 분화한 거야.

4
타인의 꿈속으로 들어간다는 발상을
멋지게 풀어낸 어느 영화에서 봤는데,
신기하게도 중력은 현실과 꿈 세계의 공통 조건이더군.
꿈꾸는 사람이 자유낙하 하면서 무중력상태에 처하니까,
그 사람의 꿈 세계에서 중력이 사라지더라고.

물론 과학적 근거가 없는 설정이지만,
무척 그럴싸한 것이, 물리적 세계에서 중력은
그 무엇으로도 차단할 수 없는 힘,
어디에나 반드시 있는 특별한 힘이거든.
꿈 세계도 물리적 세계라면 중력의 지배를 받아야 마땅해.

그렇다면 중력은 현실과 꿈을 가르는 장벽을 무사통과하는 유일한 신호,
한 발을 현실에, 다른 발을 꿈에 디딘 더 큰 회색 진실.
혹시 음악도 그럴까? 음악도 한 발을 꿈에 담갔을까?

지금 난 휴일 오후의 소파에 기대어 졸며
라벨의 〈죽은 왕녀를 위한 파반느〉를 듣는 중이야.
현실과 꿈이 번지며 서로에게 스며들고 있어.

뇌에서 기억에 결정적으로 관여하는 구역은
이상하게도 잠잘 때 특히 분주해지는데,
그 구역 근처에 귓속 미로가 있어.
미로 속엔 청각기관과 평형감각기관이 함께 들어있지.

어쩌면 꿈과 현실을 아우르는 너른 품을
중력과 음악이 공통으로 지녔기 때문일지도 몰라
그래, 춤이야, 춤!
현실을 꿈속으로 데려가는 춤,
현실을 꿈으로 물들이는 춤을
일주문의 두 기둥처럼 중력과 음악이 떠받치기 때문일 거야.

콩콩 사이클로이드를 그으며

난 그날
코로만 흥흥 새어 나오는 바람을
가슴에 잔뜩 품고
낯선 동네를 누비고 있었지요.

문패 첫 자만으로 집을 알아내거나
우연의 힘으로 덜컥
그 아이와 마주칠 요량이었는지,
자전거로 온갖 곡선 그으며
봄바람 속을 헤엄쳤어요.

그 가망 없는 도박,
부질없는 노동,
따분한 놀이에
기꺼이 빠져든 봄날은

여느 봄날처럼
순조롭게 성숙하지 못하고,
이른 봄바람처럼,
고로쇠 수액의 끝맛처럼,
싸늘하고 풋풋하게 고정되었지요.

바큇살에 달린 반사판과 함께

콩콩 사이클로이드를 그으며
흙바닥을 치장하던 봄빛도
거기 눌러앉았어요.

그 아이와 동네는
세월 따라 성숙했지만,
그건 중요하지 않은 것이,
애당초 그쪽은
없어도 괜찮았으니까요.

새벽, 첫 마음

빈손
거두네.

돌아갈 곳,
돌아가고
또 돌아갈 곳.

허전하든 말든,
빈손 거두며

돌아가고 또
돌아갈 곳.
새벽, 첫 마음.

편집 후기

전대호 시인의 제4시집
<내가 열린 만큼 너른 바다>를 발간한다.
<글방과 책방>에서는 제3시집에 이어 두 번째이다.
시집 제목을 보며 묘한 긴장감이 생겼다.
서울대학교 물리학과 출신의 '과학 하는 시인' 등
그를 수식하던 문구와는 분위기가 확 달랐다.

네가 누구건 무엇이건, / 너는 내가 열린 만큼 너른 바다.
-<바다> 마지막 부분
난 뭐랄까, 치과 치료받는 호랑이? / 피부과 치료받는 구렁이?
아하, 안과 치료받는 매!
-<안과 치료받는 매> 일부

사람 냄새 물씬 풍기는, 사람 사는 이야기들이다.
시인의 표현처럼 '울컥' 하기까지 하다.
과거를 돌아보는 6편의 연작 <나의 메피스토펠레스>와
<막둥이 찬가> 등 여섯 살 늦둥이에 대한 사랑,
어머니의 사랑에 대한 감사의 마음이 담긴 <흑염소로 해줘요>,
와병 중인 아버지에 대한 애틋함이 담긴 <아버지의 패전처리>,
모두가 가족의 사랑 이야기며 사람 사는 이야기이다.

시인의 일기장을 훔쳐본 기분이다.
여기서 시인의 변신과 내공을 느낀다.
고급 단어로 휴머니즘이라고 해야 하나….
시집 머리에 있는 "시인으로 종신(終身)하겠다는 약속
꼭 지키고 싶다."는 '시인의 말'에 박수를 보낸다.

— 이달영 주간